Pour Fabienne
&
Didier

avec toute mon Amitié

Saisi soit-il

en espérant que
le Colombier laissera
s'envoler ces deux oiseaux
pour créer un nouveau Nid
dans l'esterel

Jean-Louis

Jean-Louis Hauguel

Saisi soit-il

Les Éditions du Panthéon
12, rue Antoine Bourdelle – 75015 Paris
Tél. 01 43 71 14 72
www.editions-pantheon.fr

© Jean-Louis Hauguel
et les Éditions du Panthéon, 2017
ISBN 978-2-7547-3674-9

PROLOGUE

Les portes du fourgon pénitencier s'étaient ouvertes, métalliques, grinçantes. Menotté, le visage sombre et creusé, le verdict accablant résonnait dans sa tête : 20 ans ferme !

« Dire que ces couloirs je les ai arpentés pour délivrer des actes de procédure aux détenus.

Dire que ces couloirs je les ai fréquentés avec des magistrats, ceux-là mêmes qui viennent de me condamner et qui n'ont pas osé me regarder. »

Je suis rentré menotté dans le box des accusés.

Face au Président Lambert qui menait les débats devant la Cour.

Je l'ai tellement côtoyé à la Buvette du Palais !

Toutes les occasions étaient bonnes pour lui à se faire inviter.

Et dire que j'étais à sa remise de décoration de l'Ordre du Mérite. Tout le Palais, dont moi, n'échappait pas à la règle, nous lui faisions des courbettes.

D'ailleurs, je me demande s'il a toujours le stylo Mont-Blanc en édition limitée que je lui ai offert.

Le choix de cet achat avait été symbolique : Le modèle Léon Tolstoï, l'auteur de « Guerre et Paix », célèbre pour ses réflexions sur la morale et la société...

Est-ce cette plume grasse qui a servi à signer ma condamnation ? ».

Ses pensées virevoltaient vers des choses futiles presque légères, comme pour lui donner des ailes.

L'avocat avait mal traité son cas. Son avocat, un ami, qu'il a « sponsorisé » des années lorsqu'il cherchait des clients, aujourd'hui il n'a même pas été capable de le défendre...

« Ce n'était quand même pas compliqué de m'aider... Enfin, surtout de me renvoyer l'ascenseur, moi qui t'aie tant servi la gamelle » avait-il envie de lui cracher au visage.

Combien de fois lui avait-il sauvé la mise, une, deux, trois fois ?

Bien sûr son avocat lui avait bien dit qu'ils allaient faire appel. « Faire appel ? » Il n'y croyait pas. Il me prend pour un jambon...

– Qu'allait-il y gagner... Un an, 2 ans, peut-être 5 ?

On ne peut pas affronter le système ni la hiérarchie judiciaire.

Elle a une sainte horreur de ceux qui sautent la barrière.

Tu n'as qu'à voir Tapie, Kerviel, Neyret !

Il se sentait déjà vieux. Mort...

Il sortirait de là à plus de soixante ans, que pouvait-il espé-rer... Sa vie s'achèverait derrière les portes d'un bleu douteux et se poursuivrait sous les lumières froides des longs couloirs où résonne le tintement des clés qui ouvrent et referment des cellules ne laissant que peu d'espoir à une évasion, même virtuelle.

Jamais il n'oublierait le regard de son ami des temps de la rigolade.

Accablé, il l'avait fixé, avait témoigné. Il avait bien vu dans ce regard toute la peine, la déception d'être contraint à témoi-gner. Il l'avait vu « sonné », comme après un combat. Oh il n'avait pas été le seul à venir à la barre.

Certains avaient été à son égard, méprisant, balayant d'un revers de la main leurs années de franche camaraderie autour d'une table, lors de déjeuners bien arrosés qui s'éternisaient autour de bonnes bouteilles.

Sa vie venait de voler en éclat... Et pourtant sa vie, ça avait été tout autre chose !

1

Paris, 7 juillet

Le Griffonier, *rue des Saussaies, Paris*

« Ton Pomerol, je trouve mieux chez mon épicier. Et si c'est du 1985, moi, je crois en Dieu. Simon, goûte et dis à ce monsieur ce que tu en penses... »

Simon sourit et s'exécute. Difficile de retenir une grimace : le vin est âpre, avec un goût passé. On est très loin de l'attaque souple et toute en rondeur de ce millésime qu'Éric et Simon affectionnent tant.

« Dis, Cédric, pendant que tu y es, sers-nous un cheeseburger et des frites décongelés... »

Le Griffonier est un petit restaurant comme on les aime vers le faubourg Saint-Honoré, à deux pas du Ministère de l'intérieur. Cantine chic d'hommes pressés, de politiques ou d'avocats d'affaires. C'est là que se retrouvent Éric et Simon le mercredi midi. Leur rendez-vous à eux, leur parenthèse sacrée et souvent bien arrosée. Toujours la même table, à gauche, face au bar... Pour ne rien manquer des allées et venues de ceux et celles qui font la pluie et le beau temps dans la capitale.

Éric Gréviers, huissier de justice. À la tête d'une étude qui fait pâlir d'envie un grand nombre de confrères.

Une corpulence de rugbyman, et pour cause, il est ancien 2e ligne. Il aime toujours faire jouer ses larges épaules en relevant le col de sa veste et décrocher un de ses plus beaux sourires... Les femmes succombent à ce petit jeu qui est sa nature. C'est vrai que ça impressionne toujours. Coup de grâce : il fait pivoter son visage aux mâchoires carrées, fronce légèrement ses yeux d'un bleu indéfinissable et se colle un petit rictus à la de Niro avant de balancer la phrase qui tue... Ne lui reste plus qu'à cueillir...

« Cédric, mon petit bonhomme, ne confond pas tes habitués avec des frais débarqués d'une compagnie low cost. Il est tenu par un apothicaire, ton comptoir ? Non ? Alors je ne vois pas de raison de boire ce... Enfin, ce que tu appelles du Pomerol 1985. »

L'interpellé, d'ordinaire bourru, rougit bien comme il faut. Il tente une timide défense.

« Les amis, c'est juste pas de chance, une mauvaise bouteille, voilà tout. Je vous en ouvre une autre de suite.

– Laisse tomber, raille Simon, une seule comme ça, ça nous suffit, ne va pas nous en coller une deuxième ! Tu veux notre mort ou quoi !? Plaisante-t-il.

– Ouais, menace amicalement Éric, il est temps de sortir la petite cuvée que tu te réserves, à toi et au peu d'amis qu'il te reste. Sinon... Sinon, tu peux commencer à prendre tes jambes à ton cou...

– Ah ! Quand vous vous y mettez, vous ne faites pas semblant les mecs, maugrée Cédric, avant de disparaître. Vous êtes vraiment trop cons parfois. Simon éclate de rire.

– Il marche à tous les coups !

– Ces deux-là trouvent toujours un malin plaisir à se foutre de ma gueule... Huissiers de mes deux oui, rumine en silence Cédric. »

Pourtant il en voit défiler des mecs en costume cravate confectionné sur mesure chez Hartmann, tout juste sortis de ces bureaux feutrés, aux moquettes épaisses, il n'y en a pas un qui se permet autant de familiarité... « Hé les gars, on n'a pas élevé les cochons ensemble. ». Mais bon ça, il se le garde pour lui... Je ne vais quand même pas leur foutre mon point sur la gueule ? Avec ce qu'il me laisse chaque semaine comme pognon... Des additions à faire pâlir d'envie certains confrères des alentours... Toujours des vins de qualité. Quand j'y pense, ces deux-là ne sont pas assortis... Mais bon, moi j'suis pas là pour faire de la psychologie, j'suis là pour faire tourner la boutique, alors je ferme ma gueule... Et j'encaisse... Dans tous les sens du terme...

Cirer les pompes c'est mon métier.

Mieux qu'un ami... un client !

Éric, c'est l'homme plutôt brut de décoffrage, offensif.

Simon, quant à lui, est tout en finesse et en élégance. Aimable, affichant toujours l'esquisse d'un sourire, et ce quelles que soient les situations, bref, il serait assez à l'aise dans une bonne série des années 60, où le héros, panache à souhait, visse un colosse à terre, l'air de ne pas y toucher, à peine décoiffé.

Soit dit en passant, cette allure faussement décontractée, Simon la soigne un brin. Playboy et gentleman, il s'avère être redoutable dans le travail, pour ceux qui ont affaire à lui. Comme Éric, il est huissier de justice. Une profession qui ne s'avère pas être la plus glamour de la place mais en même temps Simon donnerait du style à n'importe quoi... Son terrain d'opération ? Ce sont les grandes sociétés de luxe et de communication. On l'a même vu un temps tenir la réplique à des animateurs stars dans un show télévisé. Du Simon quoi !

Duo plutôt improbable, Éric et Simon c'est plus que des bons potes. C'est l'amitié. La bonne, la vraie, celle qu'on se jure quand on a la vie devant soi et qui résiste à tout, aux filles, aux embrouilles, aux rivalités de boulot. Inséparables, depuis leur première année de droit.

« N'empêche, son vin est pas bon... Tu pars en vacances ?

– Je ne sais pas... Peut-être que je vais emmener les filles au Mexique.

– Caro est toujours avec son nouveau jules ?

Soupir las et un tantinet exaspéré de Simon.

– Dis-moi tu n'as pas l'impression de te répéter ? Ça va faire sept ans que tu me poses la même question. Et sept ans que je te réponds la même chose. Oui, Caro est toujours avec son nouveau jules, plus si nouveau que ça, entre nous...

– Je dis ça parce que des fois qu'elle soit célibataire, j'irais bien prendre un peu de ses nouvelles... Si tu n'y vois pas d'inconvénient, bien évidemment. »

Caro, c'est l'ex-femme de Simon. Caro et Simon se sont rencontrés en première année de lycée. Blonde, les yeux bleus, une longue natte, réservée, belle à tomber, brillante. Ses parents étaient venus s'installer pour raison professionnelle à Rouen.

Simon l'avait tout de suite repérée. Il avait su rapidement qu'un jour, il l'épouserait. Comme une évidence. Ils n'étaient que des ados mais il ne voulait pas laisser passer la femme de sa vie. Très vite il lui fit la cour, sans pour autant démarrer avec elle une relation plus intime. Il voulait profiter de sa jeunesse mais refusait qu'elle s'égare dans d'autres bras que les siens. Caro était devenue sa femme quelques années plus tard et aussi la mère de deux filles l'une aussi belle qu'elle et l'autre aussi belle que lui.

« Non mais tu ne veux pas ma caisse, non plus ?

– C'est toi qui marches à tous les coups, s'esclaffe Éric. Non, t'inquiète… Il baisse le ton.

– Il faut que je te dise, je suis avec quelqu'un. Cette fois, c'est sérieux.

– Si je me souviens bien, tu ne m'as pas dit la même chose la dernière fois ? Ironise Simon qui s'est habitué aux frasques amoureuses de son ami depuis de longues années. Éric, ce n'est pas la stabilité incarnée côté cœur. Plutôt cœur d'artichaut, il tombe amoureux toutes les heures.

– Peut-être… raille Éric, mais là, j'te jure que c'est du sérieux. Cette nana, tu vois, elle me rend dingue, je l'ai dans la peau. Je suis chocolat, quoi !

– Ne me dis pas que t'es amoureux ?

– T'es con où tu le fais exprès, c'est ce que je t'explique… »

Cédric revient de derrière le bar avec une carafe de vin.

« Maintenant, si tu me dis que c'est de la pisse d'âne, je te l'offre.

– C'est ça, encore des promesses… »

Éric se laisse servir, juste un peu pour goûter. Lève son verre. Fait tourner le jus grenat. Devine au nez que cette fois, ce n'est pas des blagues. Boit. Visage radieux :

« Ah, ça, c'est ce que j'appelle du vin ! Qu'est-ce que c'est ? »

Cédric remplit les deux verres et pose la carafe sur la table.

« Tu ne le sauras jamais. Ce vin n'est pas sur la carte, je l'ai mis en carafe pour que tu ne puisses même pas lire l'étiquette. Tu vas connaître le bonheur sans même savoir où il se trouve.

– Oh, c'est petit, gémit Éric, l'index levé.

– Tout à fait. Le vin est offert, compliments de la maison. Voilà. Messieurs, je ne vous salue pas. »

Ronde satisfaction de la vengeance. Cédric repart derrière son bar avec l'orgueil discret du vainqueur.

Intrigué, Simon hume le verre.

« Dis donc, il a l'air pas mal…

– Bois, tu comprendras pourquoi le paradis existe ! »

Silence. Simon est tout à ce qu'il a en bouche. Subtil, chaud, indescriptible. Ce n'est plus un vin, c'est *le* vin. Celui des dieux et des poètes. Ô nectar béni…

Simon revient sur terre.

« Moi, je ne t'ai rien fait, s'exclame-t-il en direction de Cédric. Tu n'as qu'à me le dire à moi tout seul : c'est quoi dans cette carafe ? »

Cédric ne tourne même pas la tête. Par-dessus le comptoir :

« J'ai un métier, moi Monsieur. Je travaille. Vous ne saurez jamais ce que c'est. Jamais. Never. »

Haussements d'épaules.

« Un jour viendra où il paiera pour ça, jure Éric. Je vais venir ici, lui saisir sa cave. S'il le faut, je goûterai les bouteilles, une par une… Tu entends, Cédric, je me vengerai !

– Donc, pour résumer, reprend Simon, tu es amoureux d'une femme.

– Comme je ne l'ai jamais été.

– T'es dans la merde.

– Attends de l'avoir rencontrée… Elle est unique. Elle me fait rire, elle me fait oublier le boulot, elle me fait bander, elle est belle… »

Simon s'amuse. Les yeux d'Éric brillent comme un sapin de Noël. Il parle plus vite, bafouille, cherche le mot juste, à la hauteur de l'éternel féminin.

« Enfin, comment je peux te dire ?

– Donne-moi au moins son nom, c'est un début.

– Boyle. Jennifer Boyle.

– Américaine ?

– Oui à moitié,

– Riche ? »

Imperceptible hésitation d'Éric.

« Ça va. »

Geste sûr, le serveur dépose deux carrés d'agneau à la proven-
çale et repart aussi sec. La salle s'est remplie.

« Tu la connais depuis combien de temps ?

– Deux mois. J'étais à une vente d'objets d'art organisée par je
ne sais plus quelle veuve friquée de Neuilly. Jennifer était là.
Il y avait du monde. Moi je ne voyais qu'elle. Mon vieux, je te
garantis, tu ne l'aurais pas ratée non plus... Une belle plante
brune, un corps de rêve. Des cheveux noirs interminables, des
yeux caraïbes, une peau mate... »

Simon coupe son ami en riant.

« Ce n'est pas une femme, c'est un club de vacances ! Et quand
aurais-je l'honneur de rencontrer cette apparition ? À moins
que je ne te fasse honte, auquel cas tu perds un ami...

– Ce soir, Jenny...

– Jenny ? Tu parles américain couramment, maintenant,
plaisante Simon...

– Ça va, grogne Éric, ça va... Jenny vient me retrouver au
Forum ce soir, après le boulot. Passe boire un verre... C'est
ma tournée.

– Rencontrer la plus belle femme du monde et ne pas l'inviter, ça ne serait pas chic... Non, mon vieux, c'est moi qui
régale. D'ailleurs, bon appétit. Un beau petit agneau comme
ça, ça ne se mange pas froid. Et pas de mayonnaise autour. »

La semaine avait débuté par l'appel de Sharon, une de ses
bonnes amies. Elle lui annonçait une vente exceptionnelle
d'objets d'art où tout le gratin parisien serait présent.

« Tu ne peux pas manquer ça, c'est là que tu peux trouver un
trésor », s'était-elle amusée à lui dire.

Jennifer était depuis peu sur le « marché » des célibataires.
Elle avait appris que son mec avec lequel elle roucoulait
depuis presque 10 ans s'envoyait en l'air avec une jeune

russe tout droit débarquée de sa toundra. Un comble pour un américain, s'enticher d'une Russe… La preuve que les relations russo-américaines étaient désormais au beau fixe, enfin surtout pour Mike et « sa pute », comme elle se plaisait à la surnommer. Même s'il avait mis les formes dans la séparation lui cédant un joli duplex Villa Malakoff en ajoutant à cela un chèque à six zéro qui lui laisserait le temps de s'organiser. Si Mike ne lui devait rien, il avait trouvé judicieux de se séparer de Jennifer, avec l'élégance du « portefeuille ». Si l'amour suscite des attentions, le « désamour » se monnaie. Devant notaire. Mike avait toujours été assez pragmatique, il l'avait confirmé une fois de plus.

Il n'y avait pas pour autant de temps à perdre pour retrouver le train de vie auquel elle s'était habituée. Certes elle ne manquait jamais d'imagination pour attirer celui sur lequel elle jetait son dévolu. C'est même grâce à ça qu'elle avait rencontré Mike… Dans les embouteillages de la place de la Concorde ! Elle avait repéré dans son rétroviseur une superbe Aston Martin. Elle avait pilé net au moment où le chauffeur cherchait à doubler. Immanquablement, Il avait percuté l'arrière du véhicule de Jennifer. Si les quelques années de cours Florent ne lui avaient pas permis de voir s'ouvrir les portes des grands producteurs, elle avait conservé toutefois quelques notions qui lui avaient bien été utiles pour séduire le jeune divorcé qu'était Mike alors. Si son talent de comédienne pouvait faire défaut, sa silhouette de nymphe, ses cheveux noirs, lisses, ses yeux verts auraient fait succomber n'importe quel homme digne de ce nom. Constat, échange de numéro de téléphone, etc. Elle n'avait plus eu qu'à attendre… Quelques heures seulement puisque le « Mike » l'avait galamment invité à dîner au Jules Verne. Fallait-il y voir un symbole ? Elle n'allait plus le lâcher à partir de ce soir-là.

Elle avait pris du temps à choisir sa tenue, classique, juste ce qu'il faut, des tons doux pour mettre en valeur sa peau mate, fraîchement dorée sous des soleils exotiques, ses cheveux étaient négligemment noués en une natte épaisse. Des lunettes aux verres teintés en dégradé, elle avait observé chacune des personnes présentes, surtout les hommes… Elle n'avait pas mis longtemps à le repérer. Grand, un air bourru, un tendre, pas très sûr de lui. Le regard de Jennifer se fixa sur la montre de l'homme, une Patek Philippe, des belles chaussures, un jean, une chemise blanche, une veste sobre. Elle avait senti son regard se poser sur elle... Elle attendait...

« Eric Gréviers, à qui ai-je l'honneur ?

– Jennifer... Jennifer Boyle », répondit-elle spontanément.

Ça y était, il avait mordu... Il la regardait avec des yeux de cocker. Il n'était pas ce qu'on peut appeler un bel homme mais il ne passait pas inaperçu par sa stature assez imposante.

Étude de Simon, Rue du Faubourg Saint-Honoré, Paris

Un coup léger frappe à la porte du bureau de Simon. Marguerite, sa secrétaire particulière. Simon lève le nez et apostrophe sa fidèle collaboratrice. Gentiment.

« C'est pour un petit bisou ?

– Maître, je suis une femme mariée, sourit-elle. Je vous apporte le dossier Vangarde. Et Maître Barlazatti cherche à vous joindre, sur la ligne 2.

– Ce bon Antoine... Marguerite, n'oubliez pas : pour un petit bisou, je serai toujours là.

– Je sais, je sais que je peux compter sur vous, Maître. »

Marguerite sort. Simon décroche.

« Maître Antoine Barlazatti, l'huissier des huissiers, notre maître à tous ! Que me vaut l'honneur ? » Simon se sent enjoué, détendu attendant une réplique en retour qui lui dira « mais cher Maître vous avez pris un aboyeur avec une chaîne dorée pour annoncer l'appel de vos amis ? »

Mais c'est une voix lourde qui lui répond :

« Simon, il faut que je te voie. C'est important.

– Bien sûr, quand tu veux... Dis donc toi... Ça va ? »

Silence. Pas le genre d'Antoine. Un bon corse, bavard comme pas deux, toujours à dégainer la répartie.

« Antoine, ça va ?

– Oui. Enfin. Je ne sais pas trop. J'aimerais te parler.

– Ben vas-y...

– Pas au téléphone.

– Viens ce soir au Forum après le boulot. Éric nous présente sa nouvelle petite copine, le grand amour de sa vie. »

Raté. Normalement Antoine Barlazzati serait parti au quart de tour. « Ah ! Les amours d'Éric, rien dans le cœur, tout sous la ceinture, etc. » Là, rien.

« Tu as entendu ce que je viens de te dire ? Ce soir, au Forum ? »

Temps mou.

« Non, pas ce soir, Simon, je suis épuisé.

– Demain, si tu veux. On peut déjeuner…

– Non plus, on part à l'aube avec Rose pour les vacances. En croisière.

– Tu vas où ?

– Le tour du bassin méditerranéen. Super, dixit mon épouse adorée. Elle ne parle que de ça depuis deux mois. Je reviens le 22 à Paris. Tu seras là ?

– Oui. Je pars seulement en août. Tu veux qu'on déjeune dès le 23 ? Ça ira pour toi ?

– Ce sera parfait. À bientôt Simon. Merci. »

Simon raccroche, dubitatif.

Dans le métier, Antoine Barlazatti est connu pour ses frasques. « Chez Dupond, tout est bon ! » : c'est son z de Zorro, sa petite formule amicale aux débiteurs effondrés avant de vider leur appartement. L'étude d'Antoine, située au 12 boulevard Beaumarchais à Paris – 12, 2 fois 6, 2 fois 6 boulevard Beaumarchais, répète-t-il inlassablement – est spécialisée dans le recouvrement des contraventions parisiennes. Autant dire que Maître Barlazatti n'a pas que des amis en ville. Histoire de décourager les derniers, il s'est offert une Rolls-Royce, Silver Shadow II de 1976, peacock blue. Ostentatoire mais suffisamment discrète, elle lui permet d'expliquer à ses malheureux clients qu'elle ne vaut pas plus chère que la Mégane Scenic familiale qu'il vient de leur saisir. Suprême raffinement.

Un jour, les six heures du matin légales et obligatoires juste sonnées, l'équipe de déménageurs montée par Barlazatti-

Corsica Dem, ça ne s'invente pas – entre chez un débiteur, emporte tout ce qu'il faut. Place nette en deux temps trois mouvements. Du bon boulot. Sauf qu'Antoine s'était trompé d'étage. La Chambre des Huissiers en a bavé pour calmer le propriétaire fou de rage et lui rendre ses biens assortis de plates excuses. La légende Barlazatti, sur la place, c'est cent histoires comme celle-là.

Bouillonnant, capricieux, fantasque, tout ce que vous voulez, mais éteint comme ça, Antoine, non ! Bon, attendons de voir, se dit Simon.

Le Forum, boulevard Malesherbes, Paris

Auguste maison ainsi baptisée en 1918, le Forum est planté boulevard Malesherbes, juste après la place de la Madeleine. La salle, sans grands changements depuis les années 1930, est divisée en deux. D'un côté, le bar et ses tabourets sagement alignés tout du long, de l'autre, le lounge avec des fauteuils club en cuir épais posés sur une épaisse moquette. On dit que les mannequins de chez Patou venaient s'encanailler là pour un sourire d'Eddie Constantine au sommet de sa gloire avec *Lemmy Caution*. André Malraux y buvait volontiers un porto rare, spécialité du lieu. Et Guy des Cars en appréciait le calme.

Simon entre, repère Éric au bar portable à l'oreille. Il lui fait signe, s'avance vers lui.

« Rappelle-moi. On en parle. »

Éric raccroche. Avant que Simon n'ait le temps de quoi que ce soit, il taquine déjà le barman.

« D'accord, on n'est pas au Harry's Bar. Mais quand même, tu pourrais faire un effort… Si ce sont les clients qui doivent te donner les recettes, change de job… »

Éric déplie sa masse au-dessus du bar. Sentencieux. Il dicte.

« Tu prends deux verres à mélange, c'est important. Quatre centilitres de vodka plus douze de tomate. Ça va, pas trop rapide pour ta petite tête ? Ne me regarde pas, gamin, remplis les verres… Un peu de sauce Worcestershire, un peu de jus de citron. Deux gouttes de Tabasco, tu entends ? Deux, pas une de plus... Du céleri, du sel, du poivre... Voilà... Ça, c'est un *Bloody Mary*. »

Obéissant, le barman... Simon, lui, le Bloody Mary, ce n'est pas trop son truc. Enfin bon, il ne va pas en rajouter, il garde ses commentaires pour lui.

« Bien, poursuit Éric, c'est important d'être précis. Sinon, ça ne ressemble à rien. Regarde, Simon, la jolie couleur ! Ah, ce que c'est beau. Maintenant, le sel... »

Le garçon termine le deuxième cocktail. Le sert à Simon. Qui, nez au bord du verre et moue explicite, ne peut plus retenir le fond de sa pensée.

« C'est un truc de filles.

– Un truc de filles ? S'étrangle Éric. Créé en 1919 par Pete du Harry's Bar, un endroit d'ivrognes élégants, pour le comédien Roy Barton, un truc de filles ? Des filles avec du poil aux jambes alors, et des balaises...

– Très bien. Tu devrais être conservateur dans un musée de spiritueux. Je me demande pourquoi tu es huissier. »

Éric, dans une gorgée.

« Eh bien juste comme toi. Parce que j'aime le métier. Je ne m'emmerde pas. »

Autre gorgée.

« Tiens, tu ne devineras jamais ce qui m'est arrivé cet après-midi. Parce que celle-là, je doute sincèrement que tu y aies eu droit... Je devais aller saisir un débiteur, une petite somme, rien de méchant, dans le vingtième. Me voilà sur place, tran-quille, vers les cinq heures. Je frappe à la porte, tu me suis ?

– Je ne fais que ça.

– Mon client ouvre. Je lui explique l'affaire, qu'il n'a pas respecté les échéances mises en place, bla, bla, bla, que déci-sion de justice a été prise, que je suis en droit de saisir des trucs dans sa maison... »

Éric s'interrompt. Observe le verre comme s'il le voyait pour la première fois. Languide.

« Tu sais pourquoi *Bloody Mary* ? Pour Mary Tudor, la reine d'Angleterre qui dézinguait direct le moindre gars qui la chatouillait trop. Mary, la sanglante...

– Ton client ? Rectifie Simon.

– Ah oui, mon client... Donc je rentre dans l'appartement, un petit deux-pièces, normal. Et là, mon vieux, quatrième dimension. Dans la première pièce, sur le canapé, je vois quoi ? Deux bêtes énormes !

– Otarie ? Belle-mère ?

– J'ai dû vérifier sur le net après, poursuit Éric sans broncher. Des iguanes ! Mais des beaux morceaux, hein ? Pas du light genre caniche à maman... Non Simon, comme je te vois, je les vois : plus d'un mètre cinquante de long, chacun. Avec les griffes qui vont avec et une manière moitié sympa de te regarder... »

Éric siffle ce qui reste du Bloody Mary. S'en commande un autre. Simon refuse poliment d'un petit geste de la main.

« Ben sincèrement, j'ai eu la trouille, je te dis.

– Mais ce n'est pas interdit, ça, des iguanes lâchés en plein Paris ?

– Pourquoi tu crois que je l'ai balancé aux services vétérinaires ?

– Et tu es allé dans la deuxième pièce ?

– Tu penses bien que je ne me suis pas gêné. »

Simon demande une eau gazeuse. Éric s'étouffe.

« De l'eau ! De l'eau ? Tu dois de l'argent ? Tu as des soucis ?

– Que veux-tu, il y a les petites natures, et les autres... Alors, sandwich d'iguane, termine ton histoire.

– Le bonhomme ne me lâche pas d'une semelle. J'entre dans l'autre pièce. Alors là, c'est le pompon, le fin du fin. »

Éric se penche sur Simon, les yeux rouges comme sa Marie-sanglante.

« Des milliards de souris blanches ! Partout ! En haut, en bas, sous le canapé, dans le placard, dans les rideaux ! Une horreur ! Un truc de fou ! C'est même pire que les autres bestiaux ! Ça pue ! Ça fait des bruits bizarres !

– Pourquoi des souris ? Il les vend ?

– Mais non, c'est le pique-nique des iguanes ! »

Éric reprend son souffle.

« Tu vois, le gars, je lui ai annoncé les deux nouvelles : la bonne et la mauvaise. La bonne : j'étais dans l'impossibilité technique de procéder à une saisie quelconque. La mauvaise : je le balançais à tout le monde, services véto, syndic de copropriété, associations de protection des animaux en voie de disparition, impôts, etc. La totale. »

Simon sourit.

« Voilà le bon coup pour éviter une saisie. Des souris et des sauriens. »

Marque une pause.

« En parlant métier, j'ai eu Antoine au téléphone cet après-midi.

– Comment va le Corse ?

– Moyen, je trouve. Il voulait me parler d'une affaire...

– De quoi ?

– Aucune idée. Je lui ai proposé de nous retrouver ici. Il a préféré faire le bonnet de nuit parce que demain matin, il part en croisière avec Madame.

– Y en a qui ne s'emmerdent pas. »

Le portable d'Éric sonne. Discret. Il décroche, écoute en silence. C'est clair, la belle américaine ne viendra pas. Il n'y a qu'à voir sa tête. Waterloo, morne bataille, morne plaine, pense Simon.

« Son patron... Elle est retenue, je ne sais pas quoi...

– Je t'avais dit que t'étais dans la merde. Allez, t'inquiète pas, on remet ça à la prochaine fois. En attendant, je ne vais pas trop tarder... »

Éric lève un sourcil bougon.

« Ne me dis pas que tu n'es venu que pour rencontrer Jennifer !

– Eh bien, si, voilà, tu sais tout. Je ne supporte plus ta tronche. Mais comme tu es au bord de la dépression, je vais boire un autre verre avec toi. Mais un seul... J'ai un rendez-vous tôt demain matin.

– Les affaires reprennent ! »

Simon sourit et fait signe au barman.

Éric Gréviers était le fils unique de Monique.

Monique Gréviers avait été l'assistante du maire de Villeneuve d'Ascq, une banlieue populaire de Lille.

Elle avait eu son heure de gloire dans cette ville qui l'avait vu naître.

À 19 ans, après des études de secrétariat, cette belle blonde au physique avantageux suscitait l'envie des jeunes filles de son âge, quant aux jeunes gens, ils en restaient béats d'admiration à chacune de ses apparitions.

Elle portait des tenues tout droit sorties des magazines. Avec une mère couturière, elle ne savait pas ce qu'était le prêt à porter ; ses tenues étaient confectionnées sur mesure.

Certaines d'entre elles ressemblaient à s'y méprendre aux robes que portait le sex-symbol du moment : Brigitte Bardot.

Monique avait une élégance naturelle, arborant été comme hiver des ballerines assorties à ses sacs ou à ses pochettes.

Elle était très vite tombée sous le charme du maire. Un grand brun, charmeur, la voix grave et le regard bienveillant. De 15 ans son aîné, il était marié et père de trois enfants. Ce qui ne l'empêcha pas de faire une cour insistante à Monique qui finit par succomber.

Éric naquit 10 mois après le début de cette relation. Le père ne reconnut jamais l'enfant même s'il était de notoriété publique qu'il en était le géniteur.

C'est ainsi que Éric grandit sans père. Quant à sa mère, elle avait perdu en quelques années toute l'élégance qui lui était propre. Elle travaillait dur, cumulant parfois deux emplois pour offrir le meilleur à son fils.

Éric, toujours bon élève, s'était hissé, au fil du temps dans l'échelle sociale.

Il avait tout compris du mécanisme avant de rentrer au lycée. Il avait déjà une gueule, du bagout, un regard tendre de chien battu et un sourire qui illuminait son visage d'un abord un peu rustre.

Déjà il avait un goût pour les objets de luxe qui se cantonnaient alors à un blouson en cuir, les Stan Smith qu'on se devait de porter tandis que ses copains arboraient des Kickers...

Ringards ! Ils les trouvaient ringards.

Il passait son temps à séduire ceux et celles qui pouvaient lui apporter une « reconnaissance » sociale. Brillant élève, il s'était donné comme objectif de bien gagner sa vie plutôt que de faire un boulot où la passion nourrit.

Toutes les portes lui étaient ouvertes après un bac C en poche ; Professions médicales ? Un toubib ne gagne rien, et puis la vue du sang, sauf sur un terrain de rugby, ce n'était pas son truc, les études étaient trop longues... Il voulait palper vite de quoi vivre Très bien... Chirurgien-dentiste ? Bien souvent il fallait commencer dans des quartiers populaires à monter son cabinet et voir les chicots rabougris dans des bouches sans hygiène, non merci !

Mais son avenir, il se l'était tracé. Il allait faire du droit pour devenir avocat... Oui, avocat en droit des affaires, pour côtoyer au plus près les grands de ce monde. Il avait bien envisagé d'être notaire, mais sa mère n'avait pas les moyens.

Mais après un Deug, son choix s'était porté sur le métier d'huissier.

Fréquenter cet ami Pierre, fils d'un huissier de justice lillois, d'avoir souvent été convié dans leur demeure de Marcq-en-Baroeul où le luxe des voitures faisait briller ses yeux de jeune homme, la décoration de la villa tout en mobilier de designers, des tableaux et œuvres contemporaines auquel son œil s'était exercé ne le laissaient pas de marbre. Être huissier, une vocation ? Non, mais devenir fortuné Oui !

C'est à la fac de droit de Lille qu'il avait rencontré celle qui deviendrait son épouse, deux ans plus tard.

Corinne n'était pas de celles qu'on remarque par sa beauté. Assez quelconque pour tout dire, d'un naturel plutôt timide et réservé. Mais certains détails n'avaient pas trompé Éric quant à ces origines sociales.

Il avait en effet remarqué sa montre Cartier, une Panthère en or et acier et des boucles d'oreille en diamant. Il lui proposa de faire partie du groupe d'étudiants dont il était devenu en quelques semaines le leader. Son humour décoiffant, sa spontanéité et son bagout avait réuni les troupes. Quant à Corinne, un peu perdue au milieu de tout ce « fan club » se sentit vite rassuré par le caractère protecteur d'Éric à son égard.

Souvent il la raccompagnait place Vauban, dans l'appartement qu'elle occupait, seule, que ses parents lui avaient acheté le temps des études. En effet, depuis plusieurs générations, la famille de Corinne était de riches propriétaires terriens et possédait des cépages réputés en Champagne.

Quant à Éric, qui ne voulait pas précipiter les choses, rentrait dans sa chambre chez l'habitant, à l'autre bout de la ville.

Il lui fallait être patient et attendre d'être pour Corinne une évidence. En quelques semaines, il avait conquis le cœur de l'étudiante. De plus en plus souvent, elle lui proposait de rester chez elle après les cours.

Ensemble, plutôt que de jouer les tourtereaux, ils travaillaient. Éric plus que Corinne certes... Mais, elle prenait soin de lui, concoctant des dîners savoureux, préparant un bain, quand enfin il posait ses cours, quant à elle, elle les survolait.

Au contraire d'Éric, bien plus besogneux mais malgré tout curieux, son acharnement au travail forçait l'admiration de Corinne dont l'aveuglement se muait en un amour inconditionnel. C'est ainsi qu'un an après le début de leur relation, il fut convié par les parents pour un week-end dans la demeure familiale.

S'il fut ébloui par tant de luxe, il n'en montra rien. Il fut accueilli comme l'enfant prodige. Ce qui n'avait pas été pour lui déplaire. Ils parlèrent d'avenir. Son avenir professionnel, certes, mais aussi celui du couple qu'il formait désormais avec Corinne.

Il fut ainsi décidé des fiançailles puis à l'issue de sa maîtrise, la famille de Corinne décida qu'il lui offrirait une étude à Douai.

18 mois plus tard, Éric s'installa donc à Douai, dans une rue du centre-ville, entre le Beffroi et la mairie.

Il se donna corps et âme dans l'étude que son beau-père s'était fait un point d'honneur à lui offrir. Corps et âme, au sens propre et figuré ! En effet Éric commençait grâce à son bagout, à avoir parmi ses clients les plus belles entreprises, mais aussi de côtoyer les belles femmes de la région.

Mais voilà, Douai était certes une ville sympathique mais à ses yeux un tantinet étriquée ne lui permettant pas surtout d'être discret dans ses frasques sentimentales. Corinne, en épouse parfaite, ne se doutait pas ou voulait ignorer les retours tardifs d'Éric sous couvert de dîner d'affaires.

Il se sentait comme prisonnier de cette ville où ses apparitions dans tel ou tel restaurant étaient chaque fois un évènement et où l'on lui servait du Maître, du cher Maître d'un ton emprunté qui lui pesait. Il rêvait d'anonymat autant que de célébrité et il ne voyait pas autre chose que Paris pour accéder à ce rêve… Et ce confort. C'est ainsi qu'après de nombreux échanges avec des confrères parisiens, après en avoir parlé avec son beau-père et accessoirement avec Corinne, sa femme, qu'il vendit l'étude de Douai pour s'installer dans le 8ᵉ arrondissement de Paris.

Corinne, quant à elle était restée dans leur maison. « Attends ici le temps que je nous trouve un nid d'amour à Paris, je remonterai tous les week-end de toute façon… » Ce qu'il fit pendant un mois. Mais la vie parisienne était à la hauteur de ses espérances, il se sentait libre, léger… Il ne manquait jamais d'imagination pour trouver des excuses à ne pas rejoindre sa jeune épouse… Il faut bien dire que les femmes, à Paris étaient toutes aussi séduisantes les unes que les autres, et il lui arrivait de plus en plus souvent de se réveiller aux côtés d'une belle sans même se souvenir du prénom.

C'est ainsi qu'elles étaient toutes nommées « mon ange » Ça évitait les malentendus. Corinne n'existait déjà plus que sur son état civil. Ce qui devait arriver arriva…

Le divorce arriva naturellement comme une réponse à ce qu'en silence et dans ses absences il suggérait. Il prit un air triste de chien battu lorsque la demande fut faite pour répondre aux convenances.

Au fond de lui il criait victoire ! Une épouse de perdue, une étude de gagner, et le monde à conquérir… Surtout les femmes…

2

Paris, 15 juillet

Étude de Simon, Rue du Faubourg Saint-Honoré, Paris

« Maître, merci de me recevoir. L'affaire est délicate.

– Elles le sont toujours... Désirez-vous quelque chose ? Un café ? Une boisson fraîche ?

– Non merci, vous êtes aimable. »

L'homme est de petite taille. Mouvement de tête de droite à gauche, de gauche à droite : il scrute chaque centimètre carré du bureau. Un vrai scanner. Il arrête son examen sur une affiche encadrée. Un mur bleu, une bicyclette, un air de mer.

« Vous connaissez le peintre Philippe Deschamps ?

– Depuis l'enfance. J'allais passer les vacances d'été dans la maison de ses parents, sur l'île de Ré.

– C'est amusant, c'est moi qui ai organisé son premier vernissage à Paris. »

Les deux hommes contemplent l'image un petit moment, en silence.

Allez, assez tourné autour du pot, se dit Simon.

« Cher Monsieur, que se passe-t-il de si délicat pour que mon confrère Éric Gréviers vous envoie chez moi ? »

L'homme se redresse. Soupire. Hésite. Manifestement, son histoire lui reste en travers de la gorge.

« Je vous le dis, l'affaire est délicate. Et hautement confidentielle...

– Monsieur, je vous en prie, je suis assermenté, et à ce titre, tenu au plus strict secret professionnel. Tout ce qui se dit dans cette pièce y reste. Par ailleurs, si Maître Gréviers a jugé bon de vous orienter vers mon étude, c'est qu'il considère que je peux avoir davantage que lui-même ou que d'autres confrères les compétences indiquées pour vous être utile. Mais comme de rigueur dans notre profession, il a été d'une discrétion exemplaire et ne m'a rien livré de votre affaire. En quoi puis-je vous aider, Monsieur… »

Simon fait mine de jeter un œil rapide à la carte de visite de son interlocuteur posée sur le bureau.

« … Monsieur Kherfend ?

– Maître, vous l'aurez peut-être compris, je vis d'œuvres d'art… »

Tu m'étonnes, que Simon est au courant… Louis Kherfend. Belle allure, mise élégante – du sur-mesure, assurément. Un visage rond, avenant, qui donne confiance. Et comme un éclair dans un ciel calme, le regard. Implacable, stupéfiant de vivacité. Cet œil qui, à Paris et dans toutes les capitales du marché de l'art, passe pour être l'un des meilleurs : Louis Kherfend, c'est *le* spécialiste de l'art contemporain.

« Épargnez-vous les présentations d'usage, l'arrête poliment Simon. Elles sont inutiles pour l'éternel admirateur du Pop Art que vous êtes. »

Simon étend les bras sur son bureau, se penche légèrement en avant, avec une assurance tranquille.

« Vous avez intimement connu et apprécié Andy Warhol. Pourtant, l'œuvre de Robert Rauschenberg vous attire davantage. Presque autant que celle de Gérard Guyomard, que vous admirez particulièrement pour sa recherche de sensation de la troisième dimension…

– Sa "restitution" de sensation de la troisième dimension, corrige le galeriste. Vous êtes bien informé, Maître Larcher. Votre confrère avait raison : vous êtes un spécialiste. »

Pas faux… Simon s'est gagné une bonne réputation dans le métier pour les affaires qui touchent au monde de l'art. D'abord au hasard des rencontres, puis par goût, et enfin en conséquence logique d'une expertise forgée dans l'expérience, il a beaucoup officié dans le milieu. Il y a quelques années, il s'était illustré dans une affaire qui avait fait beaucoup parler d'elle, la succession Wildenstein, du nom du célèbre et richissime galeriste qui avait découvert et fait la cote de nombreux artistes, entre autres de Pierre Bonnard dont il avait orchestré une flamboyante renaissance. À la mort du galeriste, sa descendance avait fait quelques tours de passe-passe, habiles mais pas très orthodoxes, pour garder bien au chaud le pactole paternel. Simon avait contribué à démêler l'affaire. En mouillant sa chemise, littéralement. Il n'oublierait jamais la filature, sous une averse battante, de l'un des deux fils du disparu, celui qui était installé à New York – l'autre avait une belle propriété en Afrique du Sud, qui avait servi de décor aux amours de Meryl Streep dans le rôle de Karen Blixen dans l'*Out of Africa* de Sydney Polack –. Un vrai courant d'air, le « New-Yorkais » : quand il était de passage à Paris, il était littéralement insaisissable. Transparent, du genre à sortir de son Hôtel particulier par des passages secrets et à changer de véhicule plusieurs fois par trajet pour brouiller les pistes. Du coup, impossible de lui remettre un avis d'assignation officiel, et donc de poursuivre la procédure. Après un chassé-croisé mémorable entre le huitième arrondissement de Paris et les Quais de Seine, en recoupant les indices à une vitesse phénoménale et manquant de déraper quinze fois à scooter, Simon avait finalement réussi à le happer *in extremis* dans sa voiture. Il lui avait jeté l'avis d'assignation par la vitre baissée, sans avoir omis au préalable de se présenter poliment « Maître Larcher. C'est pour une assignation ». L'autre avait retourné l'enveloppe dehors aussi sec d'un revers de la main, comme si elle brûlait. Mais il y a un Dieu pour les huissiers tenaces : Simon avait marqué le point en réexpédiant définitivement le pli à la volée sur la banquette. « Trop tard », avait-il salué dans un sourire alors que la voiture emportait l'héritier démasqué et assigné.

Mais bon, Simon, ce n'est pas le genre à se gargariser de ses exploits.

« Spécialiste… Maître Gréviers exagère toujours. Comment le connaissez-vous ?

– Mon frère et associé Valéry a eu l'occasion de solliciter son intervention il y a quelque temps sur une tout autre affaire. Il avait été extrêmement satisfait de ses services. »

Kherfend marque une pause. Rassemble ses idées. Se lance, enfin.

« Maître, vous connaissez mes activités professionnelles, vous m'en voyez flatté. Mais je ne pense pas que vous soyez au fait de mes liens de famille. Mon frère et moi avons toujours eu à cœur de leur ménager la plus grande discrétion, pour que notre parcours soit jugé au seul mérite de notre travail. »

Il ôte doucement les lunettes, entreprend de les essuyer avec un petit mouchoir.

« Voyez-vous, murmure-t-il, je suis le descendant de Jean Cocteau. »

Simon lève un sourcil. Il ignorait que le célèbre poète eut une lignée.

« Oui, je sais ce que vous pensez, cher Maître. Mais rassurez-vous, Cocteau n'a pas eu d'enfants. Je suis le petit-fils de Marthe Cocteau. »

Il achève de nettoyer ses lunettes, les remet en place avant de fixer son interlocuteur.

« Sa sœur. »

Il laisse passer un peu de temps avant de continuer. Cette fois, sur un ton plus rapide, plus haut.

« Ma grand-mère est née en 1877, soit douze ans avant son illustre petit frère. Le saviez-vous ?

– Pas du tout.

– Mon arrière-grand-père, le père de Jean et de Marthe Cocteau, qui s'appelait Georges, s'est suicidé dans son lit, d'une balle dans la tête, en 1898. Jean n'avait que neuf ans. Il ne s'en est jamais remis.

– *Le tragique restera une préoccupation majeure du poète...*, cite Simon.

– *... Une exorcisation jamais comblée*, complète Kherfend, manifestement ravi. Bravo, Maître. C'est sa sœur – ma grand-mère – et sa mère qui prirent soin de lui et l'élevèrent. Voilà pourquoi Jean Cocteau, toute sa vie, a aimé être malade : le seul moyen, pour lui, de se sentir aimé. En 1963, quand mon très célèbre aîné est mort, c'est ma mère – fille unique de Marthe – qui hérita de toute son œuvre.

– Un gros héritage...

– Trop gros. C'est la raison de ma présence ici. À la mort de ma très chère et tendre mère l'an dernier, mon frère et moi avons reçu l'inestimable trésor : la vie, l'œuvre de Jean Cocteau. Ses dessins, manuscrits, lithographies, céramiques, etc. Je vous laisse imaginer. Finalement, je prendrais bien un café, c'est toujours possible ? »

Simon hoche la tête et passe instruction au téléphone.

« Nous avons même des esquisses signées Jean Marais, ses premières certainement, que l'acteur avait offertes à mon grand-oncle, son ami d'alors. Bref. Il y a deux mois, alors que je dressais l'inventaire de la collection, j'ai trouvé ce dessin. »

Kherfend tire délicatement de son porte-documents une feuille jaunie par le temps, protégée par une fine pellicule plastifiée. Simon la prend, la regarde : hâtivement tracée au fusain de charbon, une petite chapelle à flanc de colline. Et cette inscription : « Alès, 1947 ». Simon interroge Kherfend, du regard.

« Maître, Jean Cocteau n'est jamais allé à Alès. En 1947, il passait la majeure partie de son temps dans sa maison de Milly-la-Forêt. »

Simon prend le temps d'asseoir sa réponse.

« Seriez-vous en train de me dire que ce dessin est un faux ?

– Je ne le dis pas, je l'affirme. Les experts aussi. »

Le galeriste se tait. Manifestement trop ému pour poursuivre. Marceline fait une entrée providentielle, à pas discrets, plateau à la main. Le café. Le temps de remuer le sucre, Kherfend a retrouvé son aplomb.

« Ce petit croquis fait partie d'un ensemble appelé *la collection transparente*, dont les œuvres sont datées de 1946 à 1957.

– Toutes fausses ?

– Voilà le problème. Je l'ignore. Les analyses se divisent. Il y a du faux, il y a du vrai. Personne n'en sait rien. Surtout, personne n'est capable de savoir... »

Simon se redresse.

« Qu'attendez-vous de moi ?

– Mon frère et moi avons peu de choix. Dans le doute, il va nous falloir appliquer le jugement de Salomon. Trancher dans le vif. Régler le problème une fois pour toutes.

– Je vous écoute.

– Nous avons décidé de brûler la *collection transparente*.

– Intégralement ?

– Intégralement. »

Merde. Simon le sentait venir. Quand l'authenticité d'un fonds artistique fait question, le propriétaire peut choisir, pour éviter que la cote de l'artiste se déprécie, de détruire l'ensemble. Simon a déjà été confronté à ce genre de cas. Et franchement, il n'aime pas trop : hacher menu des œuvres, ce n'est jamais une partie de plaisir. Plus encore quand il s'agit, comme il a déjà dû le faire, de découper aux ciseaux les dessins chaudement érotiques d'un grand Maître.

« Bon. Vous souhaitez donc ma présence afin de constater que votre collection a bien été détruite.

– C'est ça. »

Petite moue de Simon, paumes de main tournées vers le haut.

« Comment souhaitez-vous vous y prendre ? »

Les ciseaux, si on pouvait éviter, ce serait déjà ça.

« La *collection transparente* est importante, Maître. Plusieurs centaines de peintures, des milliers d'esquisses. Beaucoup de photos prises non seulement par Jean Cocteau mais également par Jean Marais. Ce n'est pas avec un petit feu de joie que nous allons nous en tirer.

– Je m'en doutais.

– Dans le métier, poursuit Kherfend, nous connaissons les bonnes personnes pour le bon travail. À l'est de Paris, dans un endroit discret dont l'emplacement est tenu secret, se trouve l'un des plus grands dépôts d'œuvres d'art de la place. On y vient pour expertiser, classer, mais aussi pour…

– Détruire, boucle Simon.

– Un four à chaleur instantanée, confirme le galeriste. Grand, et très puissant. Notre affaire ne devrait pas prendre plus d'une après-midi. Une journée, grand maximum.

– Bien. »

Simon se tourne vers son ordinateur, ouvre son agenda.

« Quand planifiez-vous l'opération ?

– Nous envisagions mercredi en 8, soit le 22. Cela vous conviendrait-il ?

– Quelle heure ?

– Neuf heures trente.

– J'y serai. »

Simon soupire imperceptiblement. Il se lève pour raccompagner Kherfend.

« *Le bonheur d'un ami nous enchante, il nous ajoute...* entame le petit-neveu du poète.

– *Il n'ôte rien*, conclut Simon. *Si l'amitié s'en offense, elle n'est pas.*

– Maître, vous êtes surprenant.

– Ne le dites à personne, mais je connais mieux l'œuvre de Jean Cocteau que les procédures du Code pénal. À mercredi prochain, cher Monsieur.

– À mercredi, Maître. Merci. »

Paris, 21 juillet

Paris, rue Massenet

Simon se gare au pied d'un bel immeuble bourgeois de Passy, architecture 1900.

« C'est moi, dit-il simplement dans l'interphone qui grésille. »

Libération magnétique de la serrure. Fraîcheur du hall. Arrivé au cinquième étage, Simon reprend son souffle : saleté d'ascenseur, toujours en panne, je veux bien être en forme, mais quand même.

« Hello Simon ! Juliette n'est pas encore rentrée de son cours de danse... Il n'y a que Jeanne. Entre. Tu vas bien ?

– Bonjour Caro. Ça va. Merci »

Chaque fois qu'il voyait Caroline, c'était un supplice, doux supplice qu'il s'infligeait. Le baiser délicat qu'il lui donnait sur le front, les effluves de son parfum, dont elle n'avait pas changé, Coco de Chanel. Il était assez fier de se dire qu'elle y était restée fidèle au parfum, celui-là même qu'il lui avait offert, avant le grand clash. D'ailleurs, ce parfum lui posait de sérieux problèmes car il ne pouvait s'empêcher de penser à Caroline, lorsque par malheur une de ces femmes d'un soir venait à le porter. Il en perdait ses moyens. C'est pourquoi, aucune de ses compagnes ne portait ce parfum qui lui évoquait, certes Caroline mais aussi la perte de cette femme qu'il continuait d'aimer, qu'il n'avait pas su garder.

Caroline, toujours une silhouette de jeune fille dans l'encadrement de la porte de son appartement. Belle femme blonde aux yeux clairs, regard gai et sourire généreux. Pas du genre pour autant à donner son amitié tout de suite. Derrière son humeur égale, toujours agréable, elle savait rester réservée et distante. Se préserver, comme elle disait. Elle et Simon s'étaient connus gamins, au lycée. Il était devenu évident, pour l'un comme pour l'autre, qu'ils étaient plus que les meilleurs amis du monde. À se téléphoner tout le temps, même s'ils s'étaient vus toute la journée – et ce à une époque où il fallait squatter le poste familial généralement très exposé. Ça avait fini par un oui à l'église, de vrais moments de bonheur, deux beaux bébés, quelques engueulades… Et un divorce. Pour une blonde trop blonde, une trop bimbo, une trop star… Simon s'était laissé embarquer sans même y faire attention dans une relation d'un soir qui avait joué les prolongations. Sa conquête était une personnalité du petit écran et lors d'un déjeuner, où gestes tendres et baisers volés les avaient excités puis réunis… Simon et celle qui était devenue sa maîtresse s'étaient retrouvés à la UNE de la presse people. Un soir qu'il rentrait chez lui, Caro avait balancé à ses pieds ce « torchon » comme elle appelait ce genre de presse. C'est en allant chez son coiffeur qu'elle avait vu jeté en pâture la photo de cette Méduse peroxydée qu'enlaçait son cher et tendre mari avec ce gros titre en défonce jaune : « Enfin elle retrouve l'amour » suivie de cette petite phrase en bas-de-casse « aux bras de Simon ». Ce soir-là Simon avait vu les yeux rougis de Caroline, elle avait pleuré mais à l'heure où elle lui parlait, elle était d'une froideur absolue. Il s'était dit qu'avec le temps elle lui pardonnerait la trahison. Pourtant, l'heure du non-retour avait sonné avec l'intrusion dans leur histoire, dans ce qui allait devenir leur passé, de deux avocats. En quelques heures, sa vie avait été dévastée et comme seul responsable : lui et lui seul. Comment avait-il pu être si sot, si inconscient, si léger ? Chaque jour, il repensait à eux, à tous ces moments partagés, à leur vie, aux filles, aux amis. Pourtant il avait bien essayé de « reséduire » Caroline mais rien n'y avait fait. Il avait rompu ce lien invisible et pourtant précieux qui les unissait. Parfois il se dégoûtait rien que d'y penser, même si les années avaient fait leur œuvre.

Un grand bonhomme se déplie du canapé quand Simon entre dans le salon. Cheveux en bataille, chemise froissée : pas difficile de deviner que la sieste a été brutalement interrompue.

« Bonjour, Nicolas. Désolé de t'avoir réveillé.

– Salut, Simon. J'étais de permanence cette nuit, jusqu'à dix heures du matin.

– C'est ça. Quand on me demandera ce que fait la police, je répondrais : "Permanence un peu, sieste beaucoup."

– Très drôle, grince le policier, surtout venant d'un gars qui ramasse mes PV pour vivre. »

Caroline soupire. Les mains sur les hanches :

« Ce n'est pas bientôt fini, oui ? Au début, j'étais flattée. Maintenant, je suis fatiguée. Deux coqs ! Juliette, viens dire bonjour à ton père. »

Simon ne supporte pas Nicolas, comme il ne supporterait aucun homme qui partagerait la vie de Caroline. Voir le mec de Caro, c'est se renvoyer l'image de l'échec de son couple, par sa seule faute. Il ne supporte pas d'imaginer les mains de ce flic de merde se poser sur le corps qu'il a été le premier à toucher, à aimer… Clairement, Simon et Nicolas, ce n'est pas l'entente cordiale. Avec le temps, ça s'arrangera, avait décrété Caro. Mais le temps tardait à venir. En attendant, ils se toléraient dans un accord mutuel où l'humour acide et les piques bien senties faisaient office d'exutoire à la rivalité rentrée.

Une porte s'ouvre dans les profondeurs de l'appartement. Quelques secondes plus tard, Jeanne embrasse son père. Blonde aux yeux bleus comme sa mère. Mais haute de taille, plutôt comme Simon, qui l'accueille gaiement.

« Ah, ma beauté suédoise. Toujours aussi jolie ! Mais comment fais-tu ?

– Je prends exemple sur maman.

– Quelle jeune fille intelligente ! »

– Et là, je prends exemple sur papa.

– La beauté de sa mère, l'intelligence de son père... Mais que fait la police ? »

Nicolas soupire et se rabat dans une autre pièce. Caroline lève les yeux au ciel.

« Tu ne peux pas t'en empêcher !?

– Pas vraiment, non.

– Passons... Tu vas chercher Juliette à la danse ? Et tu me les ramènes à quelle heure ? »

Simon embrasse tendrement son ex-femme sur la joue.

« Je te rappelle que nos filles ont respectivement 20 et 22 ans. Et qu'il y a belle lurette que j'ai renoncé à imposer quoi que ce soit aux deux plus belles entêtées de la terre. Elles rentreront quand elles voudront, comme d'habitude, à condition qu'elles nous préviennent – ce qu'elles font toujours –, n'est-ce pas ma biche ? »

Jeanne sourit.

« Je dors chez Alexandre demain soir. Je serai avec toi jeudi.

– Tu n'oublies pas, mon cœur, que je t'emmène aux soldes Dior ?

– Non, maman, je n'oublie pas.

– Au revoir, mon petit ange. »

Caroline couve ses enfants comme une *mamma*, ça doit tenir de ses origines italiennes.

En voiture pour aller chercher Juliette, Jeanne retoque son père.

« Il faut toujours que tu rentres dans le lard de Nicolas. C'est tellement adulte de ta part. Toi et maman, c'est fini. Et il est vraiment gentil. Il prend soin d'elle, et de nous. Tu pourrais peut-être enterrer la hache de guerre, non ?

– Je pourrais, reconnaît Simon. Mais je ne vois pas pourquoi je devrais. C'est le deuxième mari de ta mère, ça n'en fait pas spécialement un ami.

– La vérité, gronde Jeanne, c'est que tu as encore du mal à digérer ta rupture avec maman. »

Elle avait tapé juste, c'est vrai que Simon ne se faisait toujours pas à l'idée que Caro avait rencontré quelqu'un, qui la rendait heureuse, qui rendait heureuses les filles, qui vivait un quotidien avec la femme de sa vie, cette vie qu'il avait aimé à la folie avec Caro, mais qu'il avait fait voler en éclats.

Simon regarde sa fille. Avec douceur.

« Chérie, quoi que tu en penses, ce ne sont pas tes affaires. Toi et ta sœur, je vous aime. Maman vous aime. C'est tout ce qui compte. Le reste...

– Je sais. Je te demande juste d'arrondir les angles. Ce serait plus cool pour tout le monde. Tu peux faire ça ?

– Je vais essayer, mon petit ange. Y a-t-il autre chose que je peux faire pour toi ?

– Achète un GPS.

– Pourquoi ? »

Le pouce levé, pointant derrière, Jeanne désigne une rue qu'ils viennent de dépasser.

« Ça éviterait que tu te plantes à chaque fois qu'on va récupérer Jul' à son studio... »

3

Paris, 22 juillet

Montreuil, banlieue est

Petite pluie fine et désagréable. Ciel sombre, rue terne. Décidément, c'est la joie cette mission, pense Simon en arrêtant sa mini Austin devant la barrière du parking. Il baisse la fenêtre. Un vigile costaud somnole dans une guérite trop petite.

« Maître Larcher, j'ai rendez-vous avec Monsieur Kherfend.

– Je vous connais, sourit le cerbère, goguenard, je vous ai vu à la télé. Kherfend, tout droit, deuxième parking à gauche. »

À une petite centaine de mètres, Simon aperçoit un groupe en conciliabule feutré devant un hall de verre. Au milieu, reconnaissable entre toutes, la silhouette de Louis Kherfend, qui se détache pour venir au-devant de l'huissier.

« Maître, vous êtes ponctuel.

– La politesse des rois, cher Monsieur. Un minimum.

– Voici Monsieur Blondiau, présente Kherfend, directeur de la société Artico, qui nous fait l'amabilité de nous recevoir dans ses locaux. Il supervisera l'ensemble du déballage et de la présentation de la *collection transparente.* »

L'interpellé, grand échalas d'une maigreur impressionnante, visage blanc et glabre, tend à Simon une longue main molle.

« Monsieur Sayan, poursuit le galeriste en direction d'un barbu au visage poupon, est l'expert que nous avons mandaté pour vous assister dans votre constat. »

L'homme se courbe et salue à son tour.

« Enfin, mon frère et associé, Valery. »

La dissemblance entre les deux frères est frappante. Louis tout en rondeurs souriantes, Valéry sec comme un coup de trique, les traits fermés et austères. Mais le même regard vif et brillant.

« Les miroirs feraient bien de réfléchir un peu plus…, commence Valery.

– *… Avant de renvoyer les images,* achève Simon. »

Décidément, avec les frères Kherfend, ce n'est pas une conversation, c'est un concours de citations.

Valéry approuve d'une œillade sans équivoque vers Simon : au moins c'est clair, il aime les références littéraires, mais pas que.

« Nous y allons ? », invite Louis Kherfend, d'un mouvement de bras.

À l'accueil de la société *Artico,* on échange les pièces d'identité contre un badge visiteur. Puis il faut montrer patte blanche devant une imposante porte d'acier, qui se referme lourdement sur les cinq hommes.

Les voilà dans une immense nef où s'empilent d'innombrables boxes de stockage. Des petits, des grands, qui s'étagent comme un improbable Lego jusqu'au faîte de la verrière. Pas de dispositif apparent de sécurité, relève Simon, l'œil exercé, pas de caméras aux murs, pas de vigiles en arme. Il en fait la remarque au directeur d'Artico – tout noter, ça fait partie d'un bon constat d'huissier. Réponse ambiguë de Blondiau.

« Il n'y a rien ? Si vous le dites… Il n'y a rien.

– Mais vos activités vous exposent considérablement… Insiste Simon.

– Il n'y a rien.

– Il n'y a rien ?

– C'est votre affirmation. Pas la mienne. »

Monsieur Blondiau n'en dira pas plus. Simon ravale ses questions, et suit le groupe jusqu'à un box bien éclairé. Haut de deux mètres, et large d'au moins vingt. Au milieu, une table et des chaises baignent dans une lumière crue, façon bloc opératoire. À gauche, plusieurs cartons – tous cachetés à la cire.

« Messieurs, annonce Valery Kherfend un brin pompeux, la *collection transparente.* »

Autour de la table, Louis Kherfend place Simon à sa gauche et l'expert, Monsieur Sayan, à sa droite. Valéry et Blondiau s'installent en face.

« Voici comment nous allons procéder, commence Monsieur Blondiau, d'une voix ferme de maître de maison. Toutes les œuvres de la *collection transparente* – dessins, peintures et photographies – vont être sorties des cartons. Une par une. Vous noterez que les boîtes sont sous scellés. Maître Batimel, huissier de Justice à Milly-la-Forêt, a veillé à ce que tout soit fait dans les règles, et en a fait constat, dans le dossier vert, ici. »

Il désigne une chemise alignée au carré sur la table.

« Maître Larcher procédera à l'ouverture des scellés. Il sortira les œuvres – une par une, permettez-moi d'insister sur ce point – et les présentera à Monsieur Sayan. Celui-ci vérifiera que chacune est bien répertoriée sur la liste de la collection établie par Messieurs Kherfend, avant de la ranger dans ce chariot. »

Simon avait bien remarqué le grand container blanc monté sur quatre roulettes stationné en bout de table.

« L'intégralité de la *collection transparente* sera donc, œuvre par œuvre, sortie des cartons, recensée, et placée dans le chariot. Accompagné par Monsieur Sayan et moi-même, Maître Larcher conduira le chariot jusqu'au four incinérateur. Il posera alors un scellé sur le container plein. La crémation de la collection ne devrait pas durer plus de cinq minutes. Dès ouverture du four, Maître Larcher constatera la destruction totale et définitive de l'ensemble. Ceci fait, nous reviendrons tous trois dans cette pièce où vous nous aurez attendus, cher Louis, cher Valéry, pour aller signer tous les documents officiels. Des questions Messieurs ?

– Non.

– Parfait ! Au travail. »

Simon jette un œil rapide à sa montre : 9 h 45. À quatorze heures, le dernier dessin – vrai ou faux, ça n'a plus aucune espèce d'importance, fatigués comme ils sont – est rangé dans le chariot.

Simon vérifie soigneusement la fermeture du container.

« C'est parfait. »

Blondiau, solennel, ne lâche pas son rôle de chef d'orchestre.

« – Comme il a été convenu, Maître Larcher va se rendre dans la salle d'incinération et poser les scellés.

– Sommes-nous vraiment obligés d'attendre pendant tout le reste de la procédure ? »

L'objection sèche de Valéry Kherfend prend les autres de court.

« Maître, nous avons entière confiance en vous s'explique-t-il. Le temps presse, cela fait plus de quatre heures que nous sommes là, et nous avons encore une montagne de papiers à signer. Monsieur Sayan ne pourrait-il pas rester seul avec vous pour la fin de l'opération, pendant que Monsieur Blondiau réglerait avec nous les formalités administratives ? Mon frère et moi pourrions gagner un temps précieux… »

Blondiau et Simon se consultent rapidement du regard avant d'interroger l'expert. Moue détachée de Sayan, signe manifeste de sa totale indifférence.

« Je suppose que nous pouvons effectivement avancer de cette manière, conclut Blondiau. Maître, qu'en pensez-vous ?

– Tout à fait.

– Dans ce cas, je vais vous accompagner jusqu'au four, Monsieur Sayan et vous-même, avant de revenir vers Messieurs Kherfend pour signer avec eux toutes les décharges et procurations. »

Blondiau empoigne le guidon du chariot. Simon et Sayan lui emboîtent le pas. Le trio remonte un large couloir sur quelques mètres. Puis entre dans une pièce de taille moyenne aux murs d'un marron éteint.

Au fond, le four. Écrasant. Il prend tout le mur, largeur et hauteur. L'odeur sèche du gros métal vert prend à la gorge. Ça sent la puissance et l'enfer assoupi. Pour rugir, la bête n'attend que le Méphisto de passage qui mettra les gaz.

« Nous y sommes, dit Blondiau. Quand vous aurez fini de poser vos scellés, Maître, il ne restera plus qu'à appuyer là – le directeur désigne l'interrupteur rouge de Méphisto, vissé à gauche de la porte – et quelqu'un arrivera. À tout à l'heure. »

Blondiau sort. Les deux autres restent seuls. Simon sourit à Sayan, attrape la cire et son sceau dans son cartable.

« J'en ai pour cinq minutes, pas plus. »

Effectivement, cinq minutes plus tard, six beaux cachets bouclent les attaches métalliques du container. La cire, pour l'huissier, c'est un peu les clés du Paradis pour Saint-Pierre : le pouvoir d'ouvrir et fermer à qui de droit. *La collection transparente* est sous cloche.

Simon vérifie une dernière fois le bon séchage de son travail. Un réflexe un peu dérisoire, quand on pense que dans quelques instants le tout sera porté à des centaines de degrés.

« C'est bon, vous pouvez appuyer. »

Sayan s'exécute. Presque instantanément, un employé d'Artico arrive. Il salue avec une courtoisie sobre, se dirige vers un tableau électrique et active plusieurs clés.

Ronronnement sourd. Le four s'ébroue, s'étire. La vitre de la porte rougeoie. Crescendo. C'est la flambée. La machine est en forme.

D'une main leste de dompteur, le technicien démonte un plateau et déploie une longue rampe qui plonge droit dans la gueule du four. Il place le container sur le tapis roulant. Comme dans un songe, la *collection transparente* glisse au ralenti, inexorablement, vers sa fin.

Et voilà, manquait plus que ça : Simon sent sa gorge se serrer. C'est chaque fois pareil : détruire, ça ne lui réussit pas, que ça soit des papiers, des œuvres, des couples, ou n'importe quoi, ça lui donne le cafard. Simon, mon vieux tu es trop sentimental… Allez, il n'y a rien à redire, c'est le business, quoi, tu ne vas pas les rattraper pour les accrocher dans ton bureau, ces dessins.

De toute façon, c'est trop tard : le container est déjà englouti. Les flammes trépignent, folles de ce festin de couleurs, de poésie, d'émotions. Le cognement régulier et assourdissant de la machine remplit tout, la pièce, la tête de Simon, sûrement le bâtiment et Montreuil tout entier. Imperturbable, le technicien Artico suit un défilement de chiffres sur sa table de contrôle. Quand il juge que Cocteau a eu sa dose, il débranche méticuleusement, un à un, ses petits câbles, comme on mettrait fin à une souffrance trop prolongée. Voilà. Les lumières baissent doucement, le bruit s'atténue, le calme revient. La paix du soir après l'embrasement du couchant…

Muni de gants de sécurité, le technicien rouvre la porte dans un raclement crissant. Il invite Simon à approcher.

Il n'y a plus rien. Sur le plateau étincelant, juste quelques petites cendres qui flottent. Les derniers battements d'âme de la *Collection Transparente*.

Simon regagne le parking au même moment que les frères Kherfend, qui ont semble-t-il bouclé au calme leurs papiers avec Blondiau pendant que Sayan et lui se payaient la virée rôtisserie.

« Envoyez-moi votre facture, Maître. Nous vous la réglerons dès réception. »

Louis Kherfend a les yeux légèrement rougis. Simon aimerait oser un geste ou un mot de réconfort. Mais Kherfend, regard vague, sourire triste, semble parler davantage pour lui-même que pour être écouté.

« J'ai retourné mille fois le problème, j'ai envisagé toutes les solutions. C'était la seule, vraiment la seule... Nous ne pouvions pas nous permettre de vendre un faux, nous ne pouvions pas... C'était jouer plus qu'une réputation, l'édifice de toute une vie... »

Valéry arrive à leur portée. Il tranche, pragmatique.

« Des faux dans l'œuvre de notre grand-oncle, c'est déjà inacceptable. Si en plus, nos clients apprennent que nous les vendons, alors là, c'est terminé, notre crédibilité est nulle. Et la crédibilité, dans le métier, c'est le seul vrai capital. »

Poignée de main presque fraternelle de Louis Kherfend à Simon.

« Au revoir, Maître, merci de votre sollicitude. »

Paris, 23 juillet

Paris, avenue Kleber

Le commandant Bergand baille pour la dixième fois. Les yeux rouges de sommeil, il consulte sa montre. Presque six heures du matin.

« Allez, commandant, encore un tout petit effort, commente gaiement Simon. Dans moins de deux minutes, je vous le promets, je sonne à cette porte. Avant, c'est illégal.

– Tout de même, grogne le fonctionnaire de police en se frottant les paupières. S'être tapé toutes ces études de droit pour constater qu'un pauvre type est cocu dans le pays où le cul est roi…

– Pauvre type, c'est vite dit ! Corrige l'huissier en riant. Je crois savoir que le cocu, comme vous le désignez, dort sur des sacs d'or. Il ne tient pas à ce que sa femme lui en prenne la moitié… Vous n'en feriez pas autant ?

– Faudrait encore que je sois riche pour vous répondre ! »

La semaine précédente, l'avocat d'un très riche diamantaire français avait contacté Simon. Il y avait adultère à constater : l'épouse avait apparemment une liaison avec un jeune loup de la finance. « Catherine de Russie ? Une sainte-nitouche à côté de ma femme ! » avait tenu à préciser le client.

« Enfin, il faut bien le faire, concède Bergand. »

Bergand, un vrai flic. Resté intègre malgré les tentations.

Une silhouette d'arrière de rugby ancienne génération, râblé, costaud, le visage un peu marqué par des années de troisième mi-temps. D'ailleurs, comme au rugby, avec Larcher ils forment une équipe de circonstances qui n'a rien à voir avec des entraînements quotidiens mais se retrouvent ponctuellement au lever du jour pour frapper à des portes derrière lesquelles ils savent que les acteurs, pris en flagrant délit, ne les inviteront pas à prendre le petit-déjeuner.

Simon approuve du bonnet. Oui, il faut le faire, effectivement. Le juge ordonne, un titre exécutoire est émis, et les autorités compétentes – un huissier, un officier de police judiciaire – constatent. Point. L'adultère n'est plus un délit depuis 1975, mais établir qu'une liaison extraconjugale existe peut influencer un jugement de divorce et surtout, le montant d'une prestation compensatoire.

Ce genre d'opérations, Simon, n'est pas spécialement amateur. Contre mauvaise fortune bon cœur, ça fait partie du métier. Il soupire, vérifie l'heure, et lance un coup d'œil au serrurier. Le serrurier, c'est le dernier joker, quand les amants illégitimes deviennent sourds à la sonnette. Dans ces cas-là, il faut un pro du verrou, et que ça saute !

Zélé, le gars, il a déjà sorti sa perceuse.

« Nous allons d'abord sonner, rappelle gentiment Simon. Nous sommes des gens polis, n'est-ce pas ?

– Si vous le dîtes, commente Bergand dans un nouveau bâillement. »

Simon presse la sonnette. Longuement. Silence. Il recommence. Plusieurs fois. Le serrurier, ravi, sent venir son heure, et le montant de la facture...

Eh bien non, ce ne sera pas pour cette fois : un rai de lumière apparaît sous la porte.

Bruit de pas. Voix féminine – endormie :

« Qu'est-ce que c'est ?

– Maître Larcher, huissier de justice. Ouvrez, s'il vous plaît. »

La clef tourne sagement. Bien inspirée, dame Catherine, car mandaté par le juge, un huissier a toute latitude pour défoncer la porte si on choisit de le laisser planté dehors.

Le commandant et le serrurier font tous les deux un O avec la bouche. Simon se retient de pouffer de rire.

Dans l'embrasure de la porte se trouve une femme, la quarantaine. Intégralement nue. Aucun effort pour se couvrir. Des cheveux châtains en cascade sur de belles épaules bronzées, des seins lourds, épanouis, légèrement dressés. Un ventre magnifiquement plat, des jambes finement musclées. Charmant spectacle, couronné par deux yeux verts manifestement très amusés de la situation.

« Maître ? Mais quelle bonne surprise ! » S'exclame-t-elle à la vue de Simon, d'une voix désormais contrôlée. Je suis ravie de vous retrouver.

Malgré sa nudité, c'est une comtesse qui oriente le dos de sa main vers le visage de Larcher pour recevoir un baisemain. Simon se prête au jeu.

« Et moi donc. Je constate que le temps n'a aucune emprise sur vous.

– J'espère que vous le noterez dans votre procès-verbal.

– Entrez, je vous en prie. »

Bergand manque de s'étrangler.

« Vous connaissez Madame ?

– Connaître, c'est beaucoup dire, corrige l'intéressée. Maître Larcher et moi nous sommes déjà rencontrés, disons, dans des circonstances similaires...

– Parce que ce n'est pas la première fois ? comprend le pauvre commandant, rouge d'émotion.

– Mon Dieu, non, assure-t-elle avec beaucoup d'élégance. Asseyez-vous, le temps que j'enfile quelque chose. Un café, Messieurs ?

– Volontiers, accepte Simon. J'aime constater confortablement. »

C'est la première fois pour le commandant de se retrouver dans une situation aussi irréaliste qu'érotique. Difficile de détacher le regard de cette courbe de dos sensuelle, de ces fesses merveilleusement fermes et haut perchées, bronzées que même la fine blancheur de la marque d'un string ne vient pas altérer.

En regardant l'expression de Bergand, Simon ne peut retenir un sourire en pensant à la bouche d'une carpe tout juste sortie de l'eau.

Quelques minutes plus tard, les tasses fument et Madame, cheveux négligemment noués sur la nuque, a passé un déshabillé de satin de soie ivoire encore plus révélateur de ses formes.

« Alors, cher Maître, à quand remonte notre dernière rencontre ? Trois, quatre ans ?

– Je crois. Pas très loin d'ici, avenue du Trocadéro. »

Elle réfléchit un instant.

« Mais oui... Jean Albain ! Quel homme adorable... Et si doux... Mais tellement casanier et ennuyeux ! Nous sommes restés mariés deux ans. Pas plus. »

Le commandant Bergand ouvre la bouche, stupéfait. La referme sans rien dire.

« Allons, allons, Commandant, rit-elle en attrapant délicatement sa tasse, pas de quoi perdre ses esprits ! Oui, j'avoue, je me marie tous les trois ans. Avec des hommes riches. Allez-vous m'arrêter pour ça ? »

Le policier hébété secoue vigoureusement la tête.

« Bien sûr que non, en bégayant un tantinet. Même si j'en ai très envie...

– Oh, mais c'est un compliment Commandant ! Que vous êtes coquin ! »

Petite gorgée de café, avant de reprendre dans un léger haussement d'épaules.

« Que voulez-vous ? Chacun son expertise, chacun ses talents. Il semblerait que les miens plaisent aux hommes... Alors, autant les choisir riches et beaux, vous ne croyez pas ?

– Mais comment faites-vous ? Ne peut s'empêcher de demander Bergand.

– Voudriez-vous connaître tous les secrets des dames ? Allez, rien que pour vous, un petit indice : je leur fais croire qu'ils ne m'intéressent pas et quand je leur dis oui pour un dîner, je leur dis non pour le reste. Vous saisissez ?

– Euh, je crois, bafouille l'officier de police. »

Il finit par se reprendre.

« Mais tout de même, nous vous surprenons en flagrant délit d'adultère. Vous n'aurez rien ! Ou très peu ! »

Encore un joli petit rire.

« Vous êtes gentil, commandant. Vraiment. Ne le montrez jamais à une femme, vous vous feriez dévorer tout cru. Certes, je n'obtiens pas la moitié de leur fortune. Mais ce que mes maris me laissent me suffit pour vivre confortablement quelques années. Après, je recommence. »

Simon lui tend un procès-verbal impeccable, qu'elle parcourt rapidement.

« Mais vous n'arrêterez jamais ? interroge encore Bergand.

– Il le faudra, concède-t-elle humblement. Quand je serai vieille... Passé un certain âge, la courtisane perd quelques arguments... Ce jour-là, commandant, je me rappellerai du premier regard que vous avez posé sur moi. »

D'un geste parfait d'élégance, elle tend sa main vers le policier. Au plus grand étonnement de Simon, Bergand exécute un baisemain irréprochable.

« Commandant... Mais quel homme vous êtes ! »

Sourire irrésistible, elle se tourne vers Simon et lui souffle un baiser du bout des doigts.

« – Nous nous reverrons, Maître, j'en suis certaine.

– Ce sera un plaisir. »

Sans oublier de saluer le serrurier – qui décroche à grand-peine du splendide décolleté, elle raccompagne ces messieurs à la porte.

« Quelle femme, mon vieux, quelle femme ! Laisse tomber Bergand une fois dehors. »

Simon lui tape gentiment l'épaule.

« Épousez-la. J'ai cru comprendre qu'il y avait une place à prendre... »

Chez les Filles, Paris, rue Boissy d'Anglas

Bonne adresse ne saurait mentir : chez « les Filles », la patronne inspirée a choisi d'embaucher essentiellement des jolies jeunes femmes. Principe charmant, et efficace : le restaurant ne désemplit pas, il faut obligatoirement réserver une semaine à l'avance si on espère pouvoir déjeuner.

Pour Simon, dont l'étude est à deux pas, l'affaire est un peu différente : un jour qu'il était là avec un ami, Madame Véronique, la maîtresse des lieux, belle autorité blonde et sensuelle de quarante-cinq ans qui avait quitté son village d'Auvergne pour les lumières de Paris, s'était approchée de la table, lèvres brillantes :

« Maître, vous aimez cette table ?

– C'est ma préférée.

– C'est donc la vôtre. À partir de maintenant, nous vous la réserverons tous les jours jusqu'à 13 h 00. Ensuite, nous la laisserons à d'autres. Cela vous convient-il ?

– Que devrais-je répondre ? Vous êtes merveilleuse. »

Et voilà. Midi trente. La grande silhouette de Simon se profile à l'entrée. Audrey, ravissante métisse au visage d'une rondeur gracieuse, l'accueille.

« Maître, comment ça va ?

– Mais très bien ! Et toi ?

– Ma petite fille est épuisante. Enfin, à trois mois, c'est normal. Vous serez combien ? »

Simon se glisse dans son fauteuil habituel et déplie sa serviette.

« Deux. Mon camarade va arriver dans une dizaine de minutes.

– Un verre de rosé pour patienter ?

– C'est un très bon début. »

Il demande.

« Qu'est-ce que tu as en plat du jour ?

– Steak tartare au couteau, frites maison.

– Tu m'en mets un de côté. »

Heureusement, le tartare, ça ne refroidit pas. Parce qu'Antoine n'est toujours pas là. Presque une heure de retard. Qu'est-ce qu'il fabrique encore, le corse ? Simon rappelle sur son portable, au moins pour la troisième fois. Répondeur toujours. Bon, pas la peine de laisser un message de plus.

« Ma belle, l'addition s'il te plaît ».

Au Forum, *boulevard de la Madeleine, Paris*

On ne se refait pas : penché au-dessus du comptoir, Éric dicte encore une nouvelle recette de cocktail au barman qui l'écoute, mine contrite. L'apparition salutaire de Simon interrompt la master classe.

« Ah, mon ami ! S'exclame Éric dans une grande embrassade. Mon Simon, mon frère !

– Bon ça va, tu ne vas pas nous faire ton coming out ici, taquine Simon.

– T'es con. »

Éric relâche son étreinte.

« Mais tu vas quand même être le premier à qui j'annonce la bonne nouvelle. Enfin d'abord, je dois terminer ma petite leçon de cocktails avancée à notre ami, histoire qu'il sache composer le parfait *pick me up*. »

Ce n'est pas encore cette fois qu'il aura la paix, le barman...

« Un quoi ?

– Un "Ramasse-moi", en français. Un truc très doux et très sucré que les filles adorent. Ça a un goût de bonbon, elles ne voient pas le danger et hop, après deux verres de potion magique, tu les ramasses.

– C'est comme ça que tu as eu ta Jennifer ?

48

– Pas besoin, mon grand… Bon laisse-moi finir, je te prie. Je travaille pour les célibataires du monde entier, moi. Je vais lever le rideau, révéler au monde un secret bien gardé. »

Éric se tourne vers le barman.

« Ton shaker est prêt ? Parfait. D'abord, verse le champagne. Voilà… Tu coupes le citron en deux et tu presses le jus d'une moitié… »

Simon observe son ami. Il s'est toujours demandé d'où il tenait cette fabuleuse – et inutile – science du cocktail. Pas une semaine, pas un jour sans qu'Éric ne sorte une nouvelle composition. Plus remarquable encore : malgré cette culture inégalable de l'alcool mondain, Éric n'est jamais ivre, ni même éméché. Pas même un peu gai. Jamais. Pour lui, seulement y goûter, ça suffit largement.

« Ajoute trois centilitres de cognac. Pas plus, hein ? Ça va casser le goût sinon… »

Éric mesure les gestes du barman, surveille attentivement les doses, ponctue d'un commentaire. Un chef d'orchestre presque aussi intransigeant que Louis de Funès au début de la Grande Vadrouille…

« Bien, bien, pas trop. Maintenant, la grenadine… Tu fermes, tu shakes ton machin et tu sers dans une flûte. Pas un ballon, une flûte ! Allez, roule, ma poule ! »

C'est sûr, Éric, au Japon, ce serait un « Senseï », un grand maître. De ceux qui transmettent aux élèves « oyabun » les secrets d'un art jalousement cultivé de génération en génération.

Docile, le disciple ouvre le shaker et remplit une flûte avec toute la méticulosité dont il est capable. Un beau liquide rose, avec des bulles très gaies.

« Mais dis donc, ça m'a l'air sympathique, tout ça… Approuve Éric. »

Il lève la tête, avise une femme élégante plongée dans la lecture d'un journal financier.

« Au banc d'essai ! »

Flûte à la main, Éric marche d'un pas sûr vers la lectrice. Simon observe avec intérêt. Manifestement surprise, d'abord réticente, elle accepte finalement d'écouter. Deux trois mots, et elle prend la boisson. Il n'y a pas à dire, il est fort, Maître Gréviers... Et voilà, elle trempe les lèvres. Grands yeux et battement de cils. Elle y revient illico, et prend cette fois une belle gorgée. Clairement, elle aime. Éric offre le verre en guise de remerciement et revient vers Simon.

« Tu la veux ? Demande-t-il.

– Quoi ? La flûte ?

– Non, la fille. Elle a craqué sur le goût acidulé de la grenadine et n'a pas remarqué le cognac, à cause du citron. Là, mon ami, ça devient scientifique tellement c'est précis. Elle va finir son verre. Nous, on fait mine de rien. On devient transparent. Je ne lui donne pas dix minutes pour venir ici et me demander ce que c'est.

– Et ensuite ?

– Ça ne dépend que de toi... Je vais lui offrir un deuxième *pick me up*. Ça va gentiment la chauffer. Nous l'inviterons à dîner. Elle dira oui. Un homme qui fait des cocktails aussi merveilleux, accompagné d'un prototype de la perfection masculine, ça ne se refuse pas... »

Bon, admet Simon, la théorie est folle, mais tout de même intéressante. Riant sous cape, il accepte de suivre le protocole.

« Dis, t'aurais des nouvelles d'Antoine ? »

Éric soupire.

« Je veux bien bavarder gentiment pour confondre le cobaye, mais t'as pas plus sympa comme sujet ?

– En fait je me demandais parce qu'on devait déjeuner ensemble aujourd'hui, il rentrait de vacances. Il n'est pas venu.

– Ben non, pas eu de ses nouvelles... Et, à propos de nouvelle... »

Éric glisse son bras sous celui de Simon. L'entraîne au bout du bar.

« Je voulais que tu sois le premier à le savoir. Hier soir, Jenny et moi avons pris une grande décision.

– La plus belle femme du monde que je ne connais pas ?

– Faut pas lui en vouloir, elle travaille à Londres en ce moment... Donc, Jenny et moi, nous allons vivre ensemble. »

Simon ouvre la bouche. Il a mal entendu peut-être... Parce qu'Éric, ça fait des années qu'il clame haut et fort que les femmes sont des « *êtres diaboliques* » qui ne font que « *jouer avec leurs nibards* » pour « *foutre la merde dans nos vies* ». Les valeurs fondamentales du couple, pour lui, ça a toujours été de la foutaise : les êtres humains ne sont pas faits pour s'entendre dans le même lit. Ni même dans le même immeuble. Dans la même ville, éventuellement et encore. « Déjà tu vois, à la lecture d'une carte routière, chez l'homme et la femme, ce n'est pas le même hémisphère cérébral qui s'active, alors t'imagines, dans la vie de tous les jours, bla, bla, bla ».

« Toi ? Vivre avec quelqu'un ?

– C'est dingue, non ?

– Tu l'as dit. Tu n'as jamais eu le mode d'emploi.

– Nous nous aimons, ça a l'air banal mais je te le dis...

– Alors, je n'ai rien à dire. Si tu es heureux, je suis heureux. »

Une voix agréable coupe leur conversation.

« Excusez-moi de vous déranger messieurs... Ce cocktail, c'était quoi ? »

Jolie, la lectrice, avec sa flûte vide à la main. Les cheveux noirs ramenés en arrière par un chignon à la va-vite, un visage doux, presque romantique à cause de la pâleur de sa peau.

« Vous en voulez un autre ?

– Volontiers.

– Laissez-moi vous l'offrir... » Se propose Simon.

Elle le détaille rapidement, et semble satisfaite puisqu'elle accepte.

Nouvelle flûte à la main, elle se présente.

« Je m'appelle Barbara. »

Les deux amis lèvent leurs verres à son attention et Éric lance un toast.

« À la science ! »

4

4 août

Villa Moana, Avenue des Pins, Sainte-Maxime

Téléphone. Juliette Larcher décroche.

« Papa ! C'est l'étude ! »

Comme sa sœur Jeanne, et comme leur mère, Juliette est blonde, cheveux longs. Mais les yeux, sombres, c'est ceux de Simon. Douce fierté d'un père : qu'elles sont belles mes filles, et intelligentes, sourit-il souvent pour lui-même.

En maillot de bain, il débarque dans le grand patio.

« Merci, mon bébé d'amour. »

Puis, jovial, dans le combiné.

« Marguerite ! Vous me poursuivez même en vacances, c'est du harcèlement ! »

– « Maître, pardonnez-moi, mais j'ai jugé bon de vous contacter. »

Le sourire de Simon s'efface. Il sait quand Marceline ne rigole pas.

« Monsieur Kherfend a appelé trois fois ce matin et a demandé à vous joindre sur votre portable. Il semblait préoccupé. Par ailleurs, le président de la chambre syndicale cherche lui aussi à vous parler. »

Simon hausse les sourcils. En général, quand le Président de la chambre des huissiers se dérange, ce n'est pas pour proposer un thé ou un parcours de golf.

« Bien, merci Marguerite. Vous avez bien fait. Je vais les rappeler. »

À Sainte-Maxime, Simon habite sur les hauteurs près du Sémaphore. À l'origine, ce devait être une résidence secondaire. Mais les séparations bousculent les cadastres : après le divorce, Simon avait laissé l'appartement parisien à Caroline pour que les filles continuent leurs études sereinement, et avait lui installé ses quartiers dans le Sud. C'était juste une question d'avions et d'horaires pour jongler avec Paris, l'étude et ses clients. Mais Simon s'était vite habitué aux contraintes, et avait décidé d'en tirer le meilleur : trois jours par semaine à la mer, finalement, ce n'est pas si mal.

La propriété se divise en deux parties, l'habitation principale et, un peu en contrebas, le *pool house*, avec une vue magnifique sur le golfe de Saint-Tropez depuis le bord de la piscine et une grande table sous la fraîcheur d'un parasol. C'est là que Simon aime s'asseoir l'été pour travailler aux premières heures de la journée.

Le reste de l'année, il préfère son bureau dans la maison. La maison a deux niveaux. En haut, quatre chambres spacieuses et lumineuses avec des salles d'eau à l'italienne qui font vacances – Simon, lui, s'est réservé une baignoire, parce que si on ne prend pas soin de soi, personne ne va le faire à notre place. En bas, à travers les larges baies, grand soleil sur les murs blancs. Salle à manger, cuisine américaine, salle de billard qui à l'occasion sert de fumoir, et magnifique patio de verre que Simon adore, vert de plantes, de bambous, de fleurs. Et, enfin, le bureau.

Simon s'installe, ouvre son ordinateur, prend le téléphone.

« Maître Larcher. Vous avez cherché à me joindre. »

Louis Kherfend pousse un soupir de soulagement.

« Maître, enfin ! Merci de me rappeler.

– Que se passe-t-il ? »

Court silence avant que Kherfend se lance sans ambages.

« Maître, êtes-vous sûr que la *Collection transparente* ait été totalement détruite ?

– Tout à fait certain. J'ai moi-même posé les cachets.

– Il n'y aurait eu aucun moyen que certaines œuvres, enfin..., passent au travers ? »

Ça ne serait pas une allusion de mauvais goût, ça ?

« Monsieur Kherfend, voudriez-vous insinuer qu'une partie de la collection ait pu être malencontreusement détournée ?

– Je ne voudrais pas…

– Laissez-moi vous rappeler, l'interrompt Simon d'une voix nette, que je suis officier public et ministériel assermenté. Qu'à ce titre, en apposant des scellés, je certifie comme officiel le travail que vous m'avez demandé, à savoir la destruction totale de la *collection transparente*. »

Kherfend joue l'apaisement.

« Maître, jamais je ne me permettrais de mettre en doute la qualité de votre travail.

– J'en suis ravi. Alors pas de sous-entendus, vous pourriez me fâcher. »

Simon marque une pause, se calme.

« Maintenant que les choses sont claires, si vous me racontiez ce qui se passe ?

– Eh bien voilà. Vous le savez, je connais beaucoup de monde. L'un de mes contacts russes m'a appelé hier pour m'informer d'un bruit sur la place : un collectionneur se féliciterait d'avoir acheté une très belle esquisse de Jean Cocteau.

– Sans plus de détails sur l'œuvre ou sur l'acheteur ?

– Non. Mais surtout, je n'étais pas au courant de cette vente. Or il n'est pas un dessin, une photo ou un manuscrit de mon grand-oncle dont j'ignore le propriétaire, le prix d'achat, la localisation ou le mouvement. »

Il ménage une pause que Simon ne peut pas s'empêcher de trouver un brin théâtrale.

« Par conséquent, si quelque chose signé Jean Cocteau se vend à Moscou sans que je le sache, il ne peut s'agir que d'un faux ou d'un vol !

– Est-ce que ça ne pourrait pas être une œuvre encore non répertoriée ? Après tout, on trouve encore aujourd'hui des inédits de Picasso…

– Je peux vous assurer que non : mon frère et moi, outre ses héritiers, sommes aussi les auteurs du catalogue raisonné de Cocteau. Ça nous fait deux bonnes raisons d'être au courant. »

Le catalogue raisonné d'un artiste est l'inventaire le plus complet possible de ses œuvres. « Raisonné », parce qu'il est établi suivant un ordre choisi, chronologique, thématique, ou quelquefois par taille.

« Nous savons, avec une rigoureuse certitude, que tout ce qu'il a produit y est répertorié. Et, encore une fois, aucun des propriétaires légitimes ne nous a informés de son souhait de vendre.

– Je comprends cher Monsieur. Mais la *Collection transparente* là-dedans ?

– Pardon, je n'ai pas été assez clair : à moins que quelque chose nous ait vraiment échappé, vous comprenez que l'esquisse de Moscou ne peut pas être une œuvre authentique du catalogue raisonné – ni vendue légitimement, ni volée d'ailleurs, car s'il y avait eu vol nous serions au courant. »

Kherfend essaie de rendre intelligibles les méandres de son raisonnement.

« Donc, ça peut être un faux, là-dessus, on ne peut pas se prononcer sans l'avoir vu. Mais j'ai aussi pensé un instant que ça pourrait être une "fuite" de la *Collection transparente*. Parce que la *"transparente"* est le seul pan de l'œuvre Cocteau qui ait été supprimé du catalogue, et parce que l'opération que nous avons menée ensemble n'est pas banale, Maître. Voilà. Vous comprenez mon inquiétude ? »

Simon se redresse. Il pose ses mots.

« Monsieur Kherfend, la seule chose que je puisse vous garantir, comme mon constat en fait état, c'est que j'ai scellé moi-même le container plein des œuvres que nous y avons déposées ensemble, et que ce container a brûlé sous mes yeux.

– Vous avez pris des photos ?

– Grand dieu, non ! Ce n'est pas nécessaire, je suis assermenté, je vous le rappelle.

– Bien sûr, bien sûr, admet Kherfend. Pardonnez-moi, je suis perturbé… »

Pauvre Kherfend.

« Cela n'a aucun sens… Mais ce doute… Enfin, j'avais besoin que vous me rassuriez. Merci Maître, mille excuses pour le dérangement. Je vais tâcher d'en savoir plus. »

Il raccroche. Simon reste perplexe, un peu étourdi par les explications touffues du galeriste. Normal qu'il soit embêté remarque, si quelqu'un lui pollue son marché. Mais Simon voit mal ce qu'il peut y faire… Il a fait son boulot, point. Allez, une petite tête dans la piscine, rien de mieux pour s'éclaircir les idées.

Quelques longueurs plus tard, Simon se décide à attaquer le deuxième volet des réjouissances. En peignoir, il appelle le Président de la chambre des huissiers.

« Ne quittez pas, je vous prie. »

Musique d'attente soignée. Puis la voix de Maître Bérouard.

« Maître Larcher, Cher confrère, bonjour !

– Bonjour, Président, répond respectueusement Simon. Comment allez-vous ?

– Je n'ai pas la chance d'être en vacances au bord de la Méditerranée, cher brigand ! S'exclame gaiement Bérouard, coupant court aux bienséances protocolaires.

– Pardon, j'implore votre pardon…

– L'eau est bonne, au moins ?

– Trop chaude. »

Un ange passe, Bérouard redevient sérieux.

« Simon, avez-vous eu des nouvelles d'Antoine ? Je veux dire, depuis son départ en vacances ?

– Nous devions déjeuner ensemble le 23. Il n'est pas venu.

– Son épouse nous a appelés la semaine dernière à son retour de Grèce, pour nous dire qu'Antoine avait disparu le *premier* soir de leur croisière.

– Elle a attendu tout ce temps pour vous prévenir ? S'étonne Simon.

– Pour être honnête, Rose pensait qu'Antoine avait fait une fugue. Ça lui arrive souvent, en fait. Ces deux-là n'arrêtent pas de se chamailler. Et Antoine part, comme un enfant gâté. Pour mieux revenir le lendemain, ou parfois deux ou trois jours après…

– Comme l'a écrit Musset, *Le plaisir des disputes, c'est de faire la paix.*

– Très joli. Mais à ce jour, nous n'avons toujours pas de nouvelles. Rien. On commence à s'inquiéter. »

Berouard complète.

« Le 7 juillet, Antoine m'a téléphoné. Il voulait me voir le plus rapidement possible. Étant en déplacement sur Lyon, je n'ai pas pu le recevoir. Il m'a dit qu'il vous appellerait.

– Ce qu'il a fait, confirme Simon. Il semblait contrarié, mais n'a rien voulu me dire par téléphone. Vous a-t-il donné plus de détails ? »

Le président soupire.

« Non. Sinon qu'il était très fatigué…

– Vous avez essayé à son étude ?

– Vous pensez bien ! Ce sont les premiers que nous avons appelés. Rien. Vous voyez, c'est embêtant. »

Outre le fait qu'il soit confrère et ami d'Antoine, Simon soupçonne Bérouard de l'appeler pour une autre raison. L'activité essentielle d'Antoine est le recouvrement des contraventions parisiennes impayées. Antoine évaporé dans la nature, il faut de toute évidence quelqu'un pour le remplacer, et rapidement : le Trésor Public pourrait s'impatienter… Simon ne tient pas, mais alors pas du tout à courir le pavé.

« Vous n'allez pas me demander de prendre sa place ? Sourit-il prudemment.

– Rassurez-vous, rit Bérouard. J'ai déjà trouvé quelqu'un. »

Il se reprend.

« Je sais que votre discrétion est légendaire, mon cher Simon, mais si vous avez des nouvelles je suis preneur. Venez à Paris et essayez de le retrouver, si ça se trouve, il est coincé dans un bordel grec…

– Je vais voir ce que je peux faire. Laissez-moi deux petites journées que je puisse profiter de mes filles. Nous sommes lundi. Déjeunons lundi prochain, si vous le voulez bien. J'essaierai d'en savoir plus d'ici là.

– Je savais que je pouvais compter sur vous. Merci, cher Maître. À lundi.

– Au plaisir, Monsieur le Président. »

Simon raccroche, mi-figue, mi-raisin. Certes, le président de la chambre syndicale lui demande une faveur. Certes, il va raccourcir ses vacances. Cependant, il reste un problème.

Comment va-t-il expliquer à ses filles que les garçons ont interdiction de dormir à la maison pendant son absence ?

7 août

Paris, boulevard Beaumarchais

Rose Barlazatti sourit en reconnaissant Simon.

« Je savais que tu viendrais, murmure-t-elle, entre. »

Rose, aucun risque de la confondre avec une Suédoise. Pure Corse, comme son Antoine de mari : longs cheveux de jais, aussi noirs que son regard, une belle silhouette méditerranéenne, de celles qui gagnent en volupté avec les années. Le visage tanné par une trop grande soif de soleil, tant pis, le grand air et le farniente, ça vaut bien quelques rides. Elle porte une simple petite robe noire sous le genou.

Appartement bourgeois, coquet. Rose précède Simon jusqu'au salon.

« Un café ? Ou autre chose ?

– Un café sera parfait.

– Arabica ? Robusta ?

– Aucune importance, je n'ai jamais été capable de faire la différence. »

Rose crie depuis la cuisine pour couvrir le ronronnement de la Nespresso.

« Il lui est arrivé quelque chose, je le sens.

– Apparemment, ce n'est pas la première fois qu'il disparaît du jour au lendemain, non ?

– Oui, c'est sûr, il est comme ça... Mais quand même, là ça commence à faire long... »

Rose revient près de Simon.

« Il avait des soucis ?

– Pas que je sache... Mais... »

Elle rassemble ses pensées.

« Mais quand même, si, depuis deux ou trois semaines, je le trouvais tendu. Je le connais, mon Antoine. Évidemment, quand je lui ai demandé si ça allait, il m'a envoyé promener, tu imagines…

– Il ne t'a parlé de rien ?

– Tu as déjà vu un corse bavard ? Ironise Rose. De toute façon, on ne parle jamais de son travail à la maison. Le boulot, il le laisse à la porte avec ses chaussures quand il rentre. En plus, Antoine, ce n'est pas du genre à s'écouter… »

Simon a du mal à faire la part des choses entre son empathie d'ami et le rôle d'enquêteur masqué que lui a confié Bérouard.

« C'est arrivé d'un coup ? Je veux dire, il a changé du jour au lendemain ?

– Je n'en sais rien, je ne me rappelle plus… »

Bon, il va falloir laisser l'interrogatoire pour se lancer dans la pièce à conviction…

« Serais-tu d'accord pour que je jette un œil aux affaires d'Antoine dans son bureau ?

– Bien sûr, Simon. Merci d'être là, c'est tellement… »

Rose ne termine pas sa phrase. Elle se redresse d'un coup, sourcils levés.

« Ah mais si, attend… Nous avions des amis à dîner. Antoine était assis là, juste où tu te trouves. On bavardait… »

Rose ferme les yeux.

« Et puis d'un coup, il a sursauté, brutalement, en lâchant un juron bien à lui… On s'est inquiété, "non, non c'est rien", qu'il nous a répondu… N'empêche, il a plus dit un mot de la soirée… Ni après d'ailleurs, il s'est complètement refermé sur lui-même…

– Tu es sûre de ça ? »

Pas de doute dans le regard qu'elle adresse à Simon.

« C'était quand ?

– Attends que je regarde mon agenda… »

Rose va chercher son sac.

« Nous avions invité les Descartes, tu sais le notaire… »

Elle tourne les pages d'un index sûr.

« Le samedi 5 juillet. »

Simon recoupe les faits.

« Donc c'est juste le lundi d'après qu'il m'a téléphoné...

– ... Oui, nous, on avait le bateau mardi matin.

– Le 8.

– Et effectivement, entre le dîner de samedi et le départ, il n'était franchement pas drôle, à peine s'il m'a aidé à boucler les valises, ça m'a fait râler d'ailleurs... Il faut toujours qu'il nous gâche les vacances... »

Simon ose la question qui dérange.

« Ne le prends pas mal Rose mais entre vous deux, ça allait bien ?

– Que veux-tu dire ?

– Je veux dire, à part votre "je t'aime moi non plus" habituel, il n'y avait pas un vrai souci, quelque chose qui l'aurait décidé à partir ? À tout plaquer quoi... »

Il y a à la fois de la douleur et beaucoup de tendresse dans le sourire de Rose.

« Non Simon. Les fugues, les SMS d'insultes bien copieuses avant de revenir, nos chamailleries, ça fait partie du jeu. Mais Antoine et moi, on ne peut pas vivre l'un sans l'autre... Ne lui répète jamais ça, hein ? »

Simon sent l'inquiétude de Rose, poignante. Pas facile de rassurer quelqu'un quand on ne le sent pas vraiment non plus. Il lui prend le bras doucement.

« Rose, on va tout faire pour retrouver ton mari.

– Je sais, Simon Antoine t'aime beaucoup.

– Je peux passer dans son bureau ?

– Bien sûr. »

Rose le précède jusqu'à une porte à double battant, mais ne rentre pas.

« C'est son sanctuaire, sourit-elle. Je ne suis pas tolérée ici ! »

La pièce est grande, occupée par un imposant écritoire Louis XVI. On ne croirait pas, mais il est drôlement organisé,

Barlazatti... Les dossiers sont alignés au cordeau. Des beaux constats bien épais. Là, il range son courrier, décacheté de ce côté, pas encore ouvert de l'autre. Très demandé Maître Antoine, il y a des enveloppes de partout, États-Unis, Australie, Irlande... Belle collection de timbres... Simon se sent un peu gêné de fouiller comme ça, enfin, c'est pour la bonne cause. Il ouvre les tiroirs, retourne le contenu. Rien de particulier, cartes de visite, stylos, enveloppes. Le boulot d'inspecteur, en fait, ça ne doit pas toujours être très gratifiant...

Bredouille, Simon retrouve Rose au salon. Un peu voûtée, ramassée sur un bout de canapé, elle lui semble d'un coup infiniment fragile.

« Je t'appelle, promet-il.

– Je sais.

– Tiens-moi au courant si tu as des nouvelles.

– Bien sûr. »

Simon sort. Rose attend un instant avant de fondre en larmes.

5

Paris, rue de Bellechasse

Le commandant Perrin est rassuré de voir le scooter blanc à trois roues se garer en face de lui. Il vole littéralement vers Simon à travers la rue de Bellechasse. Simon rit en enlevant son casque.

« Commandant, même à un rendez-vous galant, je suis rarement accueilli avec autant d'empressement ! »

L'officier de police lui serre une main embarrassée.

« C'est que, c'est que notre opération d'aujourd'hui n'est pas évidente.

– C'est-à-dire ? »

Les deux hommes prennent la direction d'un bel immeuble haussmannien.

« Un peu plus compliquée que prévu en fait, ajoute le policier en ouvrant l'imposante porte cochère. J'ai fait appeler les acrobates... »

Simon s'arrête net devant le majestueux escalier de marbre blanc habillé d'un tapis rouge vif.

« Carrément ? »

Les acrobates, brigade policière casernée dans l'ancien fort militaire de Vincennes, sont les spécialistes du matériel particulier et des ouvertures impossibles. On ne les appelle que sur les coups salés.

« Et moi qui croyais que cette journée ne serait pas intéressante poursuit Simon, enjoué. »

Sur le palier du deuxième étage, face à une belle porte à double battant, un troisième homme les attend, que Simon reconnaît pour le serrurier du jour. Cheveux gris coupés court, il est aussi mince, droit et élégant que son collègue de l'autre fois – celui de l'opération « adultère aux seins nus » – était rouge et trapu.

« C'est une porte blindée sur trois épaisseurs, explique-t-il posément, d'au moins dix centimètres chacune. Je ne pourrai rien faire, même au chalumeau. C'est mieux protégé que la Banque de France. »

Le commandant Perrin regarde Simon, intrigué.

« Maître, si vous me donniez un peu plus de détails sur ce dossier...

– Volontiers, commandant... Une procédure classique d'expulsion, ordonnée par le juge il y a deux semaines. Nous avons affaire à la filiale d'une société russe, qui n'a pas payé le loyer de ce bel et grand appartement depuis trois ans.

– Grand comment ?

– Grand comme quatre cents mètres carrés... Il n'y a personne ?

– Ça fait une heure qu'on s'épuise à sonner et à frapper, rien ne bouge. Vous avez vu la tête de cette porte, grogne Perrin ? Autant creuser un tunnel dans une montagne à la petite cuillère... Les Acrobates seront là dans deux heures. »

Deux heures, la plaie... Simon va encore devoir annuler des rendez-vous.

Enfin, encore heureux, les gars sont ponctuels : cent vingt minutes plus tard, leur énorme camion blanc fait trembler l'étroite rue de Bellechasse. Floqué « POLICE » en bien gros sur les ailes. Les automobilistes qui ont le bol d'être tombés derrière, immobilisés sur un bon tronçon de rue, klaxonnent à qui mieux mieux, vite calmés d'ailleurs par un policier sévère.

Le commandant Perrin fait signe à Simon.

« Je vous présente le capitaine Mallard, patron des acrobates.

– Ravi. Je suis Simon Larcher, huissier de justice. »

Grand sourire sur le visage du capitaine.

« L'huissier de la télé ! Ma femme est une de vos fans !

– La prochaine fois, venez avec elle, plaisante Simon avant de reprendre plus sérieusement. Que pensez-vous de notre affaire ?

– Rien ne résiste à Bébel.

– Je vous demande pardon ? »

Perrin ne se prive pas pour lui renvoyer la moquerie.

« Alors, la star des huissiers, l'huissier des stars, on ne connaît pas Bébel ?

– Et ce serait dommage, renchérit Mallard, de ne pas lui présenter ! Suivez-moi, Maître. Je vais vous montrer votre sauveur de la journée. »

La porte arrière du camion est grande ouverte. Dans l'obscurité de la remorque, Simon distingue un appareil étrange, reposant sur un singulier trépied.

« – Voilà la star, Maître, commence le capitaine, j'ai nommé Bébel. Ou, si vous préférez, le bélier hydraulique dernière génération. Quand ça n'ouvre pas, il enfonce. »

Il faut tout de même une demi-heure pour hisser Bébel devant la porte de l'appartement. Les dernières vérifications faites, Mallard demande à Simon de se tenir derrière lui.

« Vous comprenez, Bébel est parfois un peu brusque... Ça lui arrive de projeter des éclats un peu partout... Ce serait dommage qu'il blesse une vedette du petit écran...

– Sacré Bébel ! » Acquiesce Simon.

Le capitaine fait signe à un de ses hommes, qui actionne une commande. Bébel, obéissant, donne immédiatement un coup puissant à la porte. Cinq secondes passent. Autre coup. Et encore cinq secondes. La cage d'escalier résonne.

Boum. Boum.

La porte tremble à chaque coup, mais ne veut pas se rendre.

Boum. Boum.

Bébel est régulier. Imperturbable. Tout l'immeuble vibre. La porte, boxeur sonné mais toujours debout, ne cède pas.

« Dites, crie Simon à Mallard par-dessus le vacarme, c'est normal que ça tienne comme ça ?

– Non ! Hurle le policier. Je ne sais pas quel blindage est derrière tout ça mais il est sacrément costaud ! »

Boum, boum.

L'affaire devient sérieuse. Comme le roseau de La Fontaine, la porte plie, mais ne rompt pas.

« Des Russes, vous avez dit ? S'égosille le commandant Perrin. C'est l'armée rouge qui a monté ça ? »

Boum, boum.

Phénomène incroyable. Les acrobates n'ont jamais vu des portes bien élevées du septième arrondissement, même un peu musclées, résister à Bébel plus de dix minutes.

À la détermination muette de Mallard, Simon comprend que ce sera ou lui, ou la porte.

Boum, boum.

Enfin, l'inimaginable.

D'abord un petit tremblement imperceptible, comme un frisson. Le frisson devient oscillation, puis vibration féroce. L'immeuble entier est secoué sur ses bases. Simon s'accroche à la rampe d'escalier pour ne pas perdre l'équilibre. L'épais nuage de poussière et de plâtre désintégré qui recouvre les témoins du cataclysme met du temps à se dissiper. Ça pique les yeux, ça tousse. Le brouillard retombe.

Simon a du mal à ne pas rire : la porte est encore debout. Par contre, le mur qui l'entourait s'est intégralement effondré.

« Merde, jure Mallard, bien la première fois que je vois ça...

– Je ne suis pas sûr que le propriétaire apprécie l'addition, remarque Simon d'un ton badin.

– Nous mettrons cela sur le compte des Russes, argumente Perrin...

– Les Russes n'ont pas de compte justement, c'est le propriétaire qui tient l'ardoise... Enfin, maintenant qu'il y a moyen d'entrer, je vais constater. Vous venez, commandant ? »

Enjambant les gravats, Simon pénètre dans une vaste salle de réception aux plafonds ornés de moulures dorées. Sur ce qui reste des murs, de jolies fresques. Le temps est maussade, mais les fenêtres sont si grandes que l'endroit reste lumineux. Absence totale de mobilier, non seulement dans cette pièce mais aussi dans la suivante. Et dans toutes les autres. De fait, l'appartement a été entièrement vidé. Maison fantôme.

Simon et Perrin entrent dans une grande cuisine. Enfin une pièce « habitée » : en plein milieu, un minuscule frigidaire blanc, à même le sol. Posées dessus, trois coupes. Le frigo est branché et ronronne avec une douceur domestique.

« Drôles d'idées pour ranger leur électroménager, lâche Perrin.

– Je dirais plutôt qu'ils l'ont laissé là exprès, histoire d'être sûrs qu'on ne le loupe pas...

– Mais pourquoi ? »

Simon ouvre la porte du frigo, et esquisse un sourire en voyant la bouteille de Dom Pérignon qui les attend sagement à l'horizontale. Il avise une enveloppe à côté.

« Lisez. »

Le policier attrape le bristol.

« *Na zdorovié* ? Qu'est-ce que ça veut dire ?

– Et bien, qu'ils ont vidé la place et qu'ils nous offrent le champagne... On ne s'est pas déplacé pour rien !

– Mais qu'est-ce que je vais bien pouvoir écrire dans mon rapport ? se lamente Perrin.

– La coutume russe voudrait qu'au célèbre *na zdorovié* – « à votre santé ! » – vous répondiez par *spazieba bolchoï* : « Merci beaucoup ! »

– Vous plaisantez, j'espère ?

– Pas du tout, commandant. Voilà des escrocs délicats... Nous n'allons pas laisser cette bouteille au propriétaire, le malheureux pourrait avaler de travers... Je dis : buvons-la. »

Perrin est trop abasourdi pour sortir un seul mot. Simon fait sauter le bouchon, remplit les coupes et lève son verre.

« À cette belle journée ! *Na zdorovié !* ».

Paris, rue du Faubourg Saint-Honoré

« Maître, il faut que je vous voie. C'est urgent. Dramatiquement urgent. Puis-je passer à votre étude ? »

Voilà qu'au bout du fil, Louis Kherfend remet le couvert. Simon soupire pour lui-même. Décidément, dans le genre stressé, on n'a pas fini avec celui-là...

« Je vous attends, l'invite-t-il courtoisement. »

À peine dix minutes plus tard, le galeriste déboule dans son bureau, joues rouges et souffle court.

« Maître ! Maître ! Tout cela est très grave !

– Calmez-vous, ordonne Simon ».

Poli, mais ferme. Dans le métier, on est habitué à gérer les scènes.

« Dites-moi tout. Vous avez eu des nouvelles de votre esquisse russe ?

– Non. Pas remis la main dessus. Ni sur l'acheteur. Autre chose. Encore pire. À Genève. »

Kherfend calme sa respiration en désordre.

« À Genève... articule-t-il encore. Ce matin. Une pièce de la *Collection Transparente* a été vendue. Deux cent trente cinq mille euros. »

Simon a un léger frisson dans le dos. Étonnement. Ou vilain pressentiment.

« Monsieur Kherfend, tempère-t-il, posé. Nous l'avons déjà répété, cette collection a brûlé sous mes yeux. Il s'agit certainement d'une pièce qui n'en fait pas partie.

– Puisque je vous dis que si. *Le dormeur réveillé*, de 1949, siffle Kherfend.

– Une copie alors ?

– Non. L'authentique. L'expertise est formelle.

– D'où tenez-vous ces informations ? Procède Simon, méthodique. »

Kherfend s'affermit.

« De l'acheteur lui-même. C'est l'un de mes meilleurs clients. Il m'a appelé tout à l'heure pour me dire qu'il était mécontent que je ne sois pas au courant que des œuvres comme ça soient encore sur le marché. Et bien entendu, il n'a pas engagé cette somme sans une expertise préalable. Il a fait authentifier le *dormeur*.

– Je ne comprends pas, reprend Simon. Nous avons inventorié ensemble *l'intégralité* des pièces de la *Collection*...

Êtes-vous certain que celle-ci figurait bien sur notre liste ? Je vais vérifier tout de suite au constat...

– Pas la peine. Je connais parfaitement la *Collection*, je vous confirme que le *Dormeur* y était. »

Simon attrape vivement son téléphone. Il lui faut du tangible.

« Marguerite s'il vous plaît, le dossier Kherfend, tout de suite. »

Marguerite, comme si elle le tenait déjà prêt, entre immédiatement, une épaisse chemise rouge sous le bras. Elle s'éclipse aussitôt. Simon parcourt les feuillets d'une main précise.

« Là, voyez. Objet numéro 212, aquarelle, 1949, *Le dormeur réveillé*.

– Je sais.

– Mais alors... C'est peut-être nous qui aurions brûlé une copie ? Après tout, il y avait doute, n'est-ce pas, c'est bien pour ça que vous avez choisi de détruire la collection...

– Peut-être... Mais ça ne simplifie pas le problème. D'abord parce que nous soupçonnions des faux, pas des copies. C'est très différent. Un "simple" faux comme la *chapelle d'Alès* n'est pas inspiré d'une œuvre réelle, il est "inventé". La copie, c'est autre chose, ça veut dire qu'il y a un vrai quelque part... »

Simon masse ses tempes. Kherfend réfléchit tout haut.

« Et s'il y a des copies, combien ? D'où viennent-elles ? Quand et comment se sont-elles glissées dans la *Collection* ? Et surtout, où sont les vrais ? Entre quelles mains ? Mon Dieu... »

Kherfend freine ses conjectures, rassemble ses idées. Il reprend en appuyant chaque mot.

« Quoi qu'il en soit Maître, que vous ayez brûlé une copie ou du vent, voyez-vous, personne ne peut plus le savoir. J'aimerais donc que nous éliminions ensemble quelques doutes, disons... désagréables. »

Un ton aussi dur dans cette bouche-là, ça ne colle pas.

« Réfléchissons, s'il vous plaît, à ce qui aurait pu se produire ce matin-là chez Artico. Comprenez bien. Nous avons toujours été avec vous, sauf... Sauf pendant l'incinération de la collection. »

Cette fois, Simon ne peut plus se dérober. Il mesure ce que vient de dire Kherfend. L'esquisse moscovite, passe encore. Mais, là, c'est incontournable : vu de l'extérieur, ce *Dormeur réveillé* de Genève remet en cause la fiabilité de son travail. Pour Simon, si cette fichue pièce est sortie de la boîte, c'est de la magie. Mais pour les autres, indéniablement, l'huissier peut avoir piqué dans la caisse.

« Quand bien même, objecte-t-il du tac au tac, je vous rappelle que je n'étais pas seul. J'étais avec votre expert… »

« Daniel Sayan, le coupe Kherfend. J'ai évidemment cherché à le joindre.

– Et ?

– J'attends son coup de fil. »

Simon jette un œil à sa montre : quatre heures passées. Ça commence à l'échauffer, cette histoire.

« Ah, mais on ne va pas attendre ! On va le trouver, et le plus vite possible. Le bonhomme a bien une adresse, non ? »

Coup d'œil nerveux au dossier rouge.

« Voilà. Cabinet au 19 rue Jean-Jacques Rousseau. Vers le Louvre, pas loin. Très bien. J'y vais. »

Kherfend reste froid.

« J'attends de vos nouvelles. »

Paris, rue Jean-Jacques Rousseau

C'est un pompeux immeuble. Probablement construit après Haussmann même s'il en imite le style. Une plaque argentée, vissée à hauteur d'homme :

Daniel Sayan, expert en art contemporain. Sur rendez-vous uniquement.

Passé la porte, vaste et jolie cour. Au fond, une statue juchée sur un ancien bassin, fontaine à la retraite. Des gros pots de plantes vertes sont soigneusement alignés sur les côtés. Escalier a, b, c. Simon prend le b comme on lui a indiqué – il a dû insister pour qu'on lui ouvre « sans rendez-vous », et frappe à l'unique porte du rez-de-chaussée. Une jeune femme – presque une gamine, se dit-il – ouvre.

« Bonjour, Maître Simon Larcher, huissier de justice. Je souhaiterais voir Monsieur Sayan.

– Euh... Entrez, je vais voir s'il est disponible. »

Simon affiche son plus joli sourire pour la rassurer. C'est toujours la même chose : quand les gens entendent le mot « huissier », ils prennent peur.

La petite disparaît. Sur les murs autour de Simon, soigneusement encadrées, parfaitement alignées, des toiles, des aquarelles, des lithographies, et pas des petites signatures... Pas mal, la collection, pense Simon.

L'assistante revient, détendue cette fois.

« Monsieur Sayan va vous recevoir, suivez-moi. »

Ma foi, c'est un plaisir de la suivre, cette demoiselle... Plaisir de courte durée, car elle ouvre vite une haute porte capitonnée.

« Je vous en prie, Maître. »

Derrière son bureau, l'expert ôte ses lunettes et lève le regard vers Simon.

« Maître Larcher, que puis-je faire pour vous ? »

Simon regarde l'homme assis en face de lui. Coup au cœur.

« Monsieur Daniel Sayan, expert en art contemporain ?

– Tout à fait.

– Puis-je vous poser une question saugrenue ? »

Son vis-à-vis semble balancer entre étonnement, irritation et amusement.

« Ma foi, pourquoi pas ?

– Si vous êtes Daniel Sayan, pourriez-vous me dire qui est l'homme qui était avec moi à Montreuil le 22 juillet dernier ? »

6

9 août

Paris, place de Furstenberg

Simon achève son récit. Les deux frères Kherfend, qui l'ont écouté avidement, restent muets.

Il avait appelé Louis dès sa sortie du cabinet Sayan : rendez-vous avait été pris le lendemain, première heure, à leur galerie place de Furstenberg. Le charme du lieu, caché derrière Saint-Germain-des-Prés, secret, presque romantique, ne colle pas du tout avec ce qui se joue dans le bureau des Kherfend.

Juste au-dessus de la galerie, la pièce donne sur les grands arbres de la place – des paulownias, quel nom idiot – se répète machinalement Simon comme pour se raccrocher à quelque chose alors qu'aucun d'eux ne sait comment rompre la glace.

Leur silence bouillonne de questions. On devine aux fronts plissés un joli désordre de scénarios et d'hypothèses.

« C'est tout de même incroyable ! Finit par exploser Valery Kherfend. Délirant !

– C'est quand même vous qui l'avez contacté, non ? Rebondit Simon. Vous ne le connaissiez pas ?

– Mais pas du tout ! Pas du tout ! Je ne le connaissais pas, on me l'avait chaudement recommandé, mais je ne l'avais jamais vu !

– Qui vous l'avait recommandé ? »

Simon n'est pas disposé à en laisser passer une.

« Mais enfin, tout le monde... Personne en particulier, je ne sais plus... Sayan est connu dans le métier ! Le hasard veut que Louis et moi n'ayons jamais eu à travailler avec lui avant, mais voilà, c'était l'occasion, le dossier était délicat, il nous fallait un bon...

Licha, avec qui nous aimons bien faire équipe d'habitude n'était pas disponible... Et d'abord, d'abord, qu'insinuez-vous ?

– Rien, je vous assure. Je suis comme vous, je ne comprends rien à tout ça... Sayan aussi était absolument stupéfait, il ignorait tout de la transmission Cocteau...

– Ça veut dire que dès le début, le type qu'on a eu au téléphone en croyant parler à Sayan pour lui proposer l'affaire était déjà le mauvais... »

Moins épidermique que Valéry, Louis arrive à avoir un raisonnement utile.

« ... Valéry, c'est toi qui as géré en direct avec lui. Tu l'as joint où ? Un portable ou son cabinet ?

– Mais je rêve, tu ne vas pas t'y mettre aussi ! Je l'ai contacté au numéro officiel du cabinet et il m'a donné son portable, normal. Les deux numéros sont au dossier avec l'adresse, là !

– Permettez que j'essaie depuis votre ligne ? »

Simon est pour la paix des fratries. Évidemment, sur le fixe, il tombe sur la voix haut perchée de la gamine qui lui a ouvert la porte au 19 rue Jean-Jacques Rousseau. Ça aurait été trop beau. Et le portable, sans surprise, est coupé.

Louis Kherfend rapetisse dans son fauteuil, écrasé parce qu'une interrogation en amène une autre, et parce que, vraiment, tout ça n'a pas bonne mine.

« Donc ce pseudo-expert, cet inconnu qui vous a accompagné jusqu'au four et qui a signé les déclarations est le seul témoin, avec vous, de la destruction de la Collection transparente.

– Et il s'est évaporé dans la nature » Conclut Valéry, tranchant.

Gros coup pour Simon. Comme un grimpeur qui voit filer entre ses doigts la corde de rappel qui l'assurait encore à la paroi. Sayan, ou plutôt le barbu poupin d'Artico, est le seul à avoir vu Simon sceller les cachets de cire, le seul à pouvoir en témoigner face au monde. Maintenant que cette prise lâche, Simon n'a plus pour lui que sa parole d'officier ministériel pour garantir que la boîte était close, et qu'aucun *Dormeur*, *Chapelle* ou quoi encore n'a pu s'en échapper. Vertige. Simon, mon grand, ta réputation sur la place est solide, tout le monde, les confrères, les clients, les flics, sait que tu fais bien ton boulot. Calme-toi.

« Tout ceci est préoccupant, souffle Louis. »

Simon se lève.

« Messieurs, si vous n'avez pas besoin de moi, je vais y aller.

– Bien sûr, Maître, sursaute Valéry. Bien sûr. »

Il se lève, précède Simon, mais lui barre un instant la porte de son long corps sec.

« Maître, nous sommes dans une situation embarrassante. Nous comptons sincèrement sur votre conscience professionnelle. »

C'en est trop pour Simon. L'accusation n'est même plus voilée. Il se raidit.

« J'ai peur de ne pas saisir. »

Louis Kherfend tempère charitablement.

« Maître, rassurez-vous. Nous ne doutons pas que votre travail soit irréprochable. Nous sommes inquiets, très inquiets, c'est tout. Et tous un peu dans la confusion. Nous allons faire notre petite enquête. Je vous appelle en début de semaine. Bon week-end. »

Simon sort sans répondre, saluant d'un rapide hochement de tête. Décidé, plutôt deux fois qu'une, à approfondir aussi les choses de son côté.

11 août

Chez Georges. *Rue du Mail, Paris*

Il y a d'abord une première salle avec, à droite, un bar en zinc qui prend toute la longueur. La coutume veut qu'on y boive un verre de Pouilly en attendant sa table. Puis, derrière, la grande salle. Les tables sont dressées sur trois côtés – à gauche, au fond, à droite, servies par des dames dont l'âge n'est pas bien précisé.

La cuisine est traditionnelle, les vins également, on dira que c'est un restaurant classique. La principale qualité du genre étant de ne jamais se démoder, *Georges* est toujours plein.

Sauf, bien entendu, pour Simon.

Quand il réserve une table, il adore entendre : « Désolé, Monsieur, mais nous sommes complets. » Ce à quoi il répond toujours par : « Même pour les vieux copains ? » Un petit silence s'installe avant que Yann, l'héritier, ne comprenne : « Maître Larcher, mais quel bon vent vous ramène chez nous ? » Et Simon toujours de conclure : « Je viens de te le dire, celui de l'amitié. »

Il est 12 h 30.

Le président de la Chambre Nationale des Huissiers, Maître Raymond Bérouard, s'installe en face de Simon qui ne peut s'empêcher de se réjouir de ne pas dépasser le mètre quatre-vingt-dix : Bérouard est si grand qu'il se contorsionne à grand-peine pour faire tenir ses jambes sous la table.

« Ah ! Simon, quelle bonne idée de se retrouver ici ! S'exclame-t-il gaiement. Déjeuner à cette heure-ci, c'est le bonheur... Jamais complet, on est bien reçu et on peut même choisir sa table... »

Simon sourit intérieurement – viens tout seul, tu verras si tu peux choisir ta table, et le regarde peigner la salle des yeux.

« Vous savez, poursuit le président, il y a quinze ans environ, un jour que je déjeunais avec des clients, j'ai vu entrer ici une très belle femme noire. Elle me disait quelque chose. En fait, c'était Naomi Campbell, ni plus ni moins. Robert de Niro était avec elle. »

Il trempe ses lèvres dans le verre de Pouilly fumé qu'on vient de lui servir, fait claquer sa langue en fermant les yeux.

« Mon Dieu, que c'est bon ! Bonne entrée en matière, ce Pouilly... Qu'est-ce que je disais ? Ah oui... »

Il reprend.

« De Niro, donc, ici ! Vous vous rendez compte ? Avec une des plus belles femmes du monde ! C'était tout simplement magique, voyez-vous... Bref, de Niro va vers Georges. À l'époque, le vieux était encore vivant. »

Bérouard a l'œil tendre à l'évocation de l'ancien patron du restaurant.

« Je me souviens très bien. Son torchon blanc enroulé autour du bras, il voit arriver l'acteur qui lui demande, dans un excellent français, si lui et sa copine peuvent déjeuner. Georges le laisse finir sa phrase avant la question qui tue :

"Vous avez réservé ?" De Niro répond non. Alors, Georges s'excuse et les informe que ce ne sera pas possible.

– Sans blague ! Ne me dîtes pas que Robert de Niro et Naomi Campbell sont repartis comme ils étaient venus !

– Eh bien, si ! Sans rien dire, sagement… Assure le président de la Chambre. J'ai appelé Georges et je lui ai demandé s'il savait qui il venait d'envoyer bouler. Le vieux me regarde et me dit qu'il n'en a aucune idée. Robert de Niro, je lui dis un peu excité, un des plus grands comédiens du monde ! Et vous savez ce qu'il m'a répondu ? »

Simon hoche négativement la tête.

« Robert de Niro, pas Robert de Niro, pas réservé, pas mangé ! »

Ah, le bon vieux temps. Berouard pleure de rire. Une serveuse arrive pour la commande.

Le guide des bonnes manières exige des gens de bonne éducation de n'aborder les sujets sérieux qu'en fin de repas. Raymond Bérouard ne déroge pas à la règle. C'est quand les cafés arrivent que son sourire disparaît. Il se penche vers Simon, pour une conversation tout de suite plus confidentielle.

« Alors, avez-vous appris quelque chose sur Antoine ? Demande-t-il.

– Pas vraiment, soupire Simon. Je suis allé voir Rose. Elle est méchamment secouée, même si elle fait tout pour ne pas le montrer. Antoine ne lui a rien dit de particulier avant de partir. Elle a juste noté qu'il était plus soucieux que d'habitude. Mais avec ça on ne va pas bien loin. Rien trouvé non plus d'intéressant dans son bureau. »

Bérouard tourne longtemps sa petite cuillère dans le café avant de reprendre.

« Et avez-vous entendu parler d'une société qui s'appelle la *British Management* ?

– Absolument pas.

– Il semblerait qu'Antoine ait monté cette société en Irlande, voilà deux mois.

– Antoine ? Une société ? Et quelle est son activité ?

– Je n'en sais rien. »

Simon demande l'addition d'un geste discret de la main. Il s'étonne.

« Mais... il a monté ça tout seul ?

– Non. »

Bérouard regarde Simon par en dessous.

« La *British Management* a deux dirigeants : Antoine... »

Un silence qui dure mille ans.

« – ... Et vous, cher Simon. »

Simon met un peu de temps avant de percuter.

« Moi ? Une société avec Antoine ? Ah non, il doit y avoir erreur...

– Pourtant, c'est bien votre nom qui apparaît au registre. »

Simon prend la pose, avec ses deux mains, de quelqu'un qui demande un temps mort.

« Je vous promets que je n'ai jamais monté de société en Irlande, ici ou en Papouasie, sous quelque forme que ce soit, ni avec Antoine, ni avec personne !

– Curieux, curieux... concède Bérouard. À vrai dire, je ne vois pas non plus Antoine créer des sociétés en Irlande... Beaucoup moins entreprenant que vous le Corse... Mais le fait est là : la *British Management* existe, à vos noms. »

Moins entreprenant que moi, pense Simon. C'est du lard ou du cochon ? Il me croit ou pas, le patron ?

« Président, je suis le premier surpris de ce que vous m'apprenez. Il va me falloir enquêter, assure-t-il le plus naturellement possible. Je n'ai absolument rien signé. J'insiste là-dessus. C'est tout de même fort !

– C'est précisément ce que je viens de dire.

– Je ne joue jamais au tiercé et on dirait que je vais le toucher dans l'ordre. »

Ils sortent de table. Bérouard a le regard fuyant au moment où ils se frôlent pour attraper leur vestiaire.

« Raymond, insiste Simon, croyez-moi. Il se passe quelque chose d'inquiétant. On veut m'impliquer là-dedans. Je ne sais pas pourquoi, mais je vous assure que je n'y suis pour rien. »

Berouard prend le temps de le regarder, bien en face cette fois. Comme si tout se jouait dans ce regard-là.

« C'est bon, Simon. Soyez tranquille, je vous crois. À la chambre, quand le dossier sera connu – car il le sera, c'est certain – je serai peut-être votre seul soutien.

– Mais pourquoi ? »

Bérouard affiche un sourire tiédasse.

« Vous n'êtes pourtant pas idiot, que je sache. Vous êtes célèbre à cause de cette stupide émission télé à laquelle vous vous prêtez, votre étude est sur le faubourg Saint-Honoré et vous habitez à Sainte-Maxime trois jours par semaine. Faut-il que je développe ? »

Il boutonne sa veste avant de conclure.

« Vous n'avez pas que des amis, Simon. Pour Confucius, on reconnaît la valeur d'un homme à celle de ses ennemis. J'ai bien peur que dans quelques jours vous ne deveniez Superman. Je vous téléphone si j'ai du nouveau. »

Il serre la main de Simon.

« Merci pour le déjeuner.

– J'espère qu'il y en aura d'autres, lance Simon sans conviction.

– Je l'espère aussi. Au revoir, cher Maître. »

Cette appellation officielle fait froid dans le dos de Simon. Toute cette histoire prend une tournure qui lui échappe.

« Au revoir, Président »

Simon est sonné comme après un mauvais combat.

Il observe la haute silhouette de Bérouard s'éloigner d'un pas assuré. Simon sort de sa poche son étui à cigares, en extrait un Cohiba Behike, l'hume profondément en fermant les yeux, visage tourné vers le soleil d'août qui plombe la capitale. Après en avoir sectionné l'extrémité, il l'allume avidement comme il prendrait une bouffée d'oxygène.

Il décide de revenir à l'étude en marchant, de prendre son temps. Le temps de penser, de réfléchir, de tenter de comprendre. Et Dieu sait qu'il en a besoin. Parce que là, Cocteau, Sayan, Kherfend, Antoine, Berouard et tout le bazar, ça commence à faire beaucoup.

D'abord, j'ai jamais voulu ouvrir une société, même pas en rêve, ce n'est pas mon truc. En plus si je l'avais fait, ça ne serait sûrement pas en Irlande. Pleut tout le temps. Au moins à un endroit où il y a du soleil. L'Irlande, quelle idée. L'Irlande. Quoi l'Irlande ?

Simon s'arrête en plein milieu du trottoir. Vague souvenir, impression de déjà-vu. Il ferme les yeux. British Management, croisière. Allez Simon, réfléchis. Rose, les amis de Rouen. Tu chauffes. Agenda, bureau, Rose n'a pas le droit d'entrer. Tu oublies un truc, là. Bureau, dossiers, courrier... Oui, courrier ! Les enveloppes encore cachetées, la jolie collection de timbres. États-Unis, Australie, Irlande. Irlande. Élémentaire, mon cher Larcher. Ce n'est pas grand-chose, mais au milieu de rien, c'est déjà ça.

Simon attrape son portable et compose le numéro de Rose.

Paris, boulevard Beaumarchais

Une demi-heure plus tard, Simon entre sans ménagement dans le bureau d'Antoine, sous l'œil inquiet de la maîtresse de maison qui en oublie d'ailleurs de rester à la porte.

« Simon, explique-moi...

– Attends, je ne suis pas encore sûr »

Les dossiers bien à plat, le courrier, ouvert, pas ouvert... voilà. L'enveloppe d'Irlande. Simon ne prend même pas la peine de demander à Rose s'il peut l'ouvrir.

« C'est grave ?

– Grave, je n'en sais rien. Important, c'est sûr. »

Simon parcourt rapidement la lettre. Il ne comprend qu'à moitié le langage des sujets de sa gracieuse majesté, mais pour les grandes lignes, ça suffit.

Trois mots surtout, qu'il lit, et relit : « Selling artwork goods ». Pas besoin d'interprète. Vente d'œuvres d'art. Le sol se dérobe sous ses pieds.

« Rose, tu aurais du whisky ?

– Bien sûr. »

Simon se laisse tomber dans le fauteuil de cuir. Il est soufflé. Rose revient une bouteille de Scotch à la main.

« Tu me racontes, oui ? Demande-t-elle vivement en lui servant un verre. Allez, tu me fiches la trouille. »

Simon avale une bonne rasade. Il aimerait se perdre, se noyer dans cette chaleur réconfortante, et ne plus jamais avoir à revenir à la réalité.

« Cette lettre atteste de manière très officielle qu'Antoine a créé une société, la *British Management*, dont je suis – toujours très officiellement – l'associé à parts égales. »

Rose est mi-surprise, mi-vexée.

« Mais… vous ne m'aviez rien dit !

– Rose. Je n'ai jamais signé aucun projet d'association avec ton mari.

– Comment ça ? »

Simon se lève d'un bond.

« Je dois vérifier quelque chose. Si j'ai raison, on est dans la merde. Et pas qu'un peu, crois-moi.

– Tu me fais peur Simon.

– Je ne suis pas rassuré non plus. »

Il pose un baiser rapide sur le front de Rose et sort précipitamment.

Paris, place de la Bastille

Simon ne marche pas, il court. Le métro, ça sera plus rapide. Le vibreur de son portable l'arrête alors qu'il s'apprête à dévaler l'escalier de la station. Merde. Louis Kherfend. Toujours abonné aux coups de fil catastrophe.

« Maître, Maître ! J'ai de nouvelles informations de Genève !

– Dites-moi tout.

– J'ai eu mon client : il a acheté le *Dormeur Réveillé* à un courtier. Que j'ai appelé. »

Étrange sensation de déjà vécu. Simon sait, sent déjà ce que Kherfend va lui dire. Autour de lui, tout s'arrête, le brouhaha, les voitures, la bousculade des touristes, la rumeur de la ville.

« Je vous écoute.

– Il a fallu que j'insiste, continue Louis Kherfend, toujours agité, les courtiers ne sont pas censés être bavards sur leurs affaires. J'ai dû user de certaines influences. Peu importe. La vente a été faite pour le compte d'une société, dont le siège est en Irlande. »

Simon ferme les yeux.

« La *British management*, lâche Kherfend. »

Sans blague. Le cœur de Simon bat à tout rompre. Gros effort pour contrôler sa respiration et se vider l'esprit.

« Jamais entendu parler, arrive-t-il à dire sur un ton qu'il espère neutre. Vous allez faire une enquête ?

– Bien sûr ! Je dois savoir qui est derrière tout ça. Je connais une excellente agence de détectives. Elle n'est pas bon marché mais en revanche, elle est efficace.

– Vous avez raison, s'entend répondre Simon. Nous serons tous très vite fixés. »

C'en est trop, il va craquer. Il invente.

« J'ai un double appel. Je dois vous laisser.

– Bien sûr, Maître. Je vous appelle dès que j'ai du nouveau. »

Toujours vissé sur le trottoir, il compose direct le numéro de Sainte-Maxime. Juliette décroche, ravie de reconnaître son père.

« Papa ! Ça va ?

– Ça va ma chérie, ment Simon.

– Tu reviens ce week-end ?

– Peut-être. Dis-moi, mon cœur, peux-tu me dire s'il y a du courrier ?

– Bouge pas je vais voir. »

Il entend ses pas légers sur le carrelage. Elle doit être pieds nus, pense-t-il. Je donnerais cher pour être avec elle tranquille au bord de la piscine...

« Oui, il y a des lettres. Une dizaine. Tiens, c'est rigolo. »

Simon sent fondre le peu de forces qui lui restent. Rigolo n'est pas précisément le mot qu'il a envie d'entendre.

« T'as un courrier des Îles Caïmans... Swag ! Le timbre est trop beau. »

Le rôle de parent, ça vous donne des ressources insoupçonnées. Simon réussit à garder une voix posée, presque enjouée.

« Ah oui, et qu'est-ce que c'est chérie ? Ouvre s'il te plaît.

– J'ai le droit ? Ironise Juliette.

– Juliette, ouvre cette lettre ! » Explose Simon qui regrette tout de suite de s'être emporté.

« J'ai eu une grosse journée, mon ange. Pardonne-moi. Alors ?

– Pas de soucis, Lol papa. »

Il devine le bruit fin du papier qu'on déchire.

« Alors, évidemment tout est en anglais… Je comprends que dalle. Une banque apparemment.

– Il y a un en-tête ? »

Elle prend le temps de déchiffrer.

« Oui. *Tropical Cayman Bank*. »

Caïman, on ne pourrait pas dire mieux. Simon sent une grosse mâchoire se refermer sur sa nuque. Qu'est-ce que c'est que cette farce ?

« C'est un relevé de compte ?

– Yes, it is.

– À mon nom ?

– No, daddy. Au nom de *British Management*. »

Of course. Simon n'a pas l'habitude de ne pas maîtriser. Mais là, hormis « complot » et « je suis mal », rien ne lui vient à l'esprit.

« Chérie, en bas de la page, il doit y avoir quelque chose comme *net balance* écrit avec un chiffre à côté. Tu peux me le lire ?

– Sure my sweet daddy, rétorque Juliette dans son anglais de foire. Ouh là là, tu m'étonnes qu'il y a un chiffre. Avec plein de zéro. Donc, si je sais bien lire, il y a trois millions, deux cent quatre vingt mille huit cent seize dollars et quarante-quatre cents. Dis donc, ils se débrouillent bien, les gars de *British Management*. »

Simon ne peut s'empêcher de sourire.

« Chérie, tu vas soigneusement planquer cette lettre et son enveloppe chez ton petit copain...

– Papa, je n'ai pas de petit copain !

– Bien sûr. Et c'est l'homme invisible qui se sert de ma mousse à raser. Écoute-moi, Juliette, c'est très important. Tu vas cacher cette lettre chez ton jules ou chez ton pire ennemi, peu importe. Mais il faut qu'elle disparaisse de la maison. Tu m'entends ? »

La voix de la jeune fille devient grave.

« Papa, tu as des ennuis ?

– Tu ne parles de ça à personne, enchaîne Simon sans explications, à personne, d'accord ? Ni ta sœur, ni ta mère. Personne ! Peut-être que des gens que tu ne connais pas vont te poser des questions...

– Des flics ?

– Tu ne sais rien, poursuit-il sur le même ton. C'est clair ?

– Oui. »

Juliette rattrape son père avant qu'il ne raccroche.

« Papa ?

– Oui ?

– Je t'aime. Tu peux compter sur moi. »

Touché. Simon vacille, à deux doigts de tout raconter à sa petite princesse. Il respire un grand bol d'air et savoure le moment, le premier agréable depuis longtemps.

« Je sais, chérie, murmure-t-il. Je sais que tu es là. Que tu l'as toujours été et que tu le seras toujours. C'est pour ça que je t'aime aussi fort.

– Ne l'oublie pas. »

Quand Juliette raccroche, Simon se sent d'un coup très seul et très désemparé. Bon. Dans ce genre d'embrouilles, le meilleur refuge, ce sont les vieux copains.

Le Forum, *boulevard Malesherbes, Paris.*

Simon pousse la porte du Forum. Comme à son ordinaire, Éric est dans sa posture de prédilection : penché au-dessus du bar, surveillant son apprenti contraint et forcé.

« Mais qu'est-ce que tu racontes, là ? La tequila Margarita inventée pour oublier une femme tuée par balle ? Mais tu as regardé beaucoup trop de films, toi… »

Éric aperçoit Simon et pour une fois, avisant la mine défaite de son ami, prend la peine de suspendre son cours magistral.

« La vache, t'as vu un fantôme ou quoi ? T'es plus blanc qu'une porcelaine de Limoges… »

Simon n'aurait pas cru que ça se voyait à ce point.

« Je suis dans la merde, Éric.

– Quel genre de merde ?

– Le genre que si tu marches dedans du pied gauche, c'est du bonheur pour plusieurs générations de ta famille.

– Je vois. Tu vas me raconter ça. »

Éric lève la main avec autorité. C'est peut-être la merde, mais tant qu'il n'y a pas mort d'homme, il y a des priorités.

« D'abord, je dois corriger ce jeune paltoquet et lui enseigner une nouvelle vérité. Toi, viens ici ! Ordonne-t-il au barman. Sache que la tequila Margarita a été inventée en 1948 par Margarita Sames à Acapulco. Pour recevoir ses invités, cette brave femme leur servait un mélange composé de tequila, de jus de citron frais et de Triple sec ! Tu m'entends ? Triple sec ! La tequila Margarita est faite avec du Triple sec ! Ai-je été clair ? »

Éric soupire et se tourne vers Simon.

« Ce gamin me soutient que la tequila Margarita a été inventée par un barman américain de Los Angeles en hommage à sa fiancée mexicaine morte d'une balle dans la tête pendant une partie de chasse… N'importe quoi… »

Il dévisage attentivement son ami et semble réaliser l'urgence de la situation.

« Fiston, commande-t-il en haussant la voix, il va falloir être rapide parce que nous devons sauver mon ami d'une syncope certaine. Deux verres de martini et un shaker, allez, allez… »

Simon tente une protestation.

« Je n'ai pas franchement envie de boire.

– Un whisky *sour*, c'est juste ce dont tu as besoin, vu ton état. Mieux qu'un antidépresseur, *le* remède, oui. »

Il se tourne vers le barman.

« Bon, tu es prêt, gamin ? Je ne vais pas me répéter, il y a péril en la demeure… »

L'interpellé disparaît derrière son bar en faisant mine de se mettre en position de départ de cent mètres.

« Déconne pas. Un citron entier pressé dans ton shaker, cinq centilitres de whisky, deux de sucre de canne, tu shakes comme si la samba habitait ton corps. Tu rajoutes les glaçons, tu shakes encore, tu sers les deux verres sans les glaçons. Voilà, tu sais tout, exécution, circulez, y a rien à voir. »

Incroyable chorégraphie du barman sous les yeux stupéfaits de Simon. Les deux verres sont remplis en deux temps trois mouvements.

« Toi, commente Éric en secouant son doigt pointé vers le jeune homme, toi, t'es un bon. »

Simon monte délicatement le verre à ses lèvres. Au nez, mélange parfait de citron pressé et d'alcool. L'attention d'Éric est à son paroxysme quand son ami goûte la première gorgée.

« Alors ? Demande-t-il, une pointe d'anxiété dans la voix.

– C'est bon ! répond Simon, surpris par la finesse du goût.

– Ah ! Un whisky Sour, pour qu'il soit réussi, c'est une question de feeling… Et ce gosse, dans le genre, c'est Mozart… Maintenant que tu vas un peu mieux et que tu reprends des couleurs, je t'écoute. »

Simon raconte toute l'histoire, sans omettre un détail. Soulagement et réconfort incomparable que de pouvoir déposer, enfin, ses inquiétudes sur l'épaule d'un ami. Comme si la seule magie de l'écoute allait dissiper le mauvais rêve.

Il ne faut pas s'y tromper. Éric, malgré son allure d'ours ronchon et sa manie agaçante de ne rien prendre au sérieux, a un sens très aigu de l'analyse.

Il laisse Simon finir, et se tait. Longuement. Enfin, il vide d'un trait ce qui reste de son cocktail, avant de formuler un diagnostic qui pour le coup n'honore pas spécialement sa perspicacité.

« Je ne sais pas ce que ça veut dire, mais c'est sûr que l'affaire se présente mal. »

Il marque une pause soucieuse.

« Simon, mon vieux, je m'en veux… »

Sourcil interrogateur de Simon.

« Mais oui… Je suis tellement désolé… Je te rappelle que c'est moi qui t'ai recommandé aux Kherfend.

– Enfin, tu ne pouvais pas savoir…

– Bien sûr… Il n'empêche… Bon, je t'invite à dîner chez Luciano. Là, on décidera d'un plan d'action. On réfléchit mieux quand on a bien mangé. »

Simon esquisse un sourire. Autant Éric ne boit pas beaucoup, autant il ne fait pas semblant de manger. Et puis la cuisine de Lucio, petit italien à quelques mètres du Forum, jouissant de l'immense avantage d'être à deux rues du domicile d'Éric, est fine et savoureuse.

« Allez, insiste Éric, ce n'est pas ce soir qu'on va te mettre en prison et confisquer tes biens ?! C'est l'heure d'aller dîner, pas de chercher des réponses, que, de toute façon, tu ne trouveras pas. »

Simon sent une grosse main se poser sur son épaule. C'est tout simple, mais ça le requinque. Allez, c'est vrai, il n'y a rien de plus à faire ce soir. Juste mettre un moment les ennuis de côté et recharger les batteries à la chaleur de l'amitié. Adjugé. Il saute de son tabouret.

Chez Luciano, *rue de l'Arcade, Paris*

Éric se tape le ventre, d'un geste fort et satisfait.

« C'est incroyable ! S'exclame-t-il. Incroyable ce que l'homme sait faire quand on lui donne un kilo de pâtes et des tomates ! »

Il regarde son assiette vide avec tristesse, regrettant manifestement qu'elle ne soit pas sans fond.

Celle de Simon, en revanche, est encore à moitié remplie. Pas trop d'humeur à manger.

« Comment fais-tu pour dévorer comme ça ? Demande-t-il mi-admiratif, mi-écœuré.

– Facile, je me suis levé à quatre plombes du mat'…

– Constat d'adultère ?

– Oui. »

Une jolie serveuse « Costes-omisée », débarrasse et propose des cartes pour le dessert. Éric approuve de la tête.

« Ce matin, enchaîne-t-il en découvrant avec gourmandise les plats sucrés, j'ai découvert une technique pour échapper aux impôts. Tu veux que je te raconte ?

– Ah, ça, qui ne voudrait pas ?

– Voilà, j'étais dans le quinzième, vers la Motte-Picquet Grenelle, pour constat d'adultère donc. J'avais rendez-vous avec le commissaire et l'avocat pour aller au *Walt*, un hôtel bon chic bon genre, pas très loin. Six heures du matin, je pointe ma fraise. La police et l'avocat sont là. Tout a l'air de bien se présenter. »

La serveuse revient sourire aux lèvres.

« Le tiramisu, déclare Éric la voix remplie d'émotion, est une merveille. Simon, tu devrais te laisser tenter.

– Merci, je n'ai pas très faim au cas où tu n'aurais pas remarqué...

– Tant pis pour toi. Donc, nous sommes prêts à partir à l'hôtel. Chemin faisant, l'avocat – celui de monsieur – me demande d'attendre. Je lui réponds poliment que plus vite, on a fini, plus vite on est rentré. Il me dit que ça vaut la peine d'attendre. Alors, nous attendons. »

Un silence religieux s'installe à table quand la serveuse apporte le tiramisu. Éric y pique les pointes de sa fourchette avec recueillement. Tout, l'histoire qu'il racontait, Simon, Luciano, Paris, le monde entier, semble se dissoudre dans la crème et le cacao.

« Bon, ton histoire, c'est pour demain ? »

Éric se dégage à regret du sortilège.

« Pardon, je suis trop gourmand, s'excuse-t-il en rougissant. À huit heures, c'est-à-dire après deux heures d'attente – tu imagines comme j'étais de bonne humeur – un type vient nous retrouver dans le rade où on poireaute. L'avocat se lève. Première surprise, c'est son client. Curieux, me dis-je.

– C'est le moins qu'on puisse dire, commente Simon.

– L'homme s'excuse, regrette de nous avoir fait perdre notre temps. Je commence à ne plus comprendre. Le bonhomme me regarde, droit dans les yeux, et me dit qu'il est désolé, vraiment, mais qu'il n'a pas trouvé de pute ! »

Simon regarde Éric incrédule, qui se fend d'un bon rire.

« Je crois que j'ai eu la même tête ! Une pute ? Mais pourquoi donc ? L'avocat m'a tout expliqué. Monsieur et Madame sont en plein contrôle fiscal. Monsieur décide donc de divorcer. Tu me suis ?

– Je vois… Il organise un constat d'adultère pour lui-même ! Ainsi, Madame joue les éplorées et court demander le divorce.

– Exactement ! confirme Éric, et du coup, la procédure fiscale est ralentie. Ordonnance d'un juge, les époux ne peuvent plus vivre sous le même toit. Résultat : Madame part vivre ailleurs avec les meubles et les tableaux.

– Et le Trésor Public perd une bonne partie du butin ! conclut Simon. Finement joué. »

Son camarade le regarde. De but en blanc.

« Je pense que tu devrais partir à Dublin lundi matin.

– J'y pensais aussi.

– Aller au siège social de cette *British Management.* Savoir qui a déposé quoi et quand. Je ne vois pas bien ce que tu pourrais faire d'autre.

– Moi non plus. J'ai déjà regardé. Demain matin, j'ai un vol pour Dublin à dix heures vingt. À onze heures trente, je suis sur place. »

Avec sa dernière bouchée de tiramisu, Éric devient très sérieux.

« Je vais t'aider Simon. Je suis là.

– Je sais mon vieux. Toi et moi, c'est à la vie à la mort. »

Éric lève sa fourchette vers le ciel.

« Si quelqu'un te veut du mal, je te garantis qu'on va le trouver et qu'il va le regretter.

Là-dessus, il crache par terre. Simon trouve le geste noble. La clientèle du restaurant, un peu moins.

7

12 août

Lower Hatch Street, Dublin

Le taxi s'arrête devant un immeuble de briques rouges. Annoncée en lettres dorées sur la façade, *Johnson and Holters*, ronflante compagnie de domiciliation irlandaise. « Établie en 1912 », précise fièrement la plaque, la même année que le naufrage du Titanic, pense Simon.

Derrière le bureau d'accueil, une jeune femme jongle entre un téléphone et le cahier où elle prend des notes. Lunettes rondes sur un petit nez charmant, assorties dans leur monture d'écailles aux taches de rousseur qui émaillent joliment son visage. Elle sourit à Simon, lui fait signe d'attendre. Il lui retourne le sourire, et poursuit l'analyse de ce délicieux minois. Yeux marron, pas sa couleur préférée mais bon, et rieurs. Bouche appétissante comme une baie de Cranberry.

Enfin, elle raccroche.

« I am sorry Sir. How can I... »

Elle s'interrompt.

« Mais vous êtes français, n'est-ce pas ? Se lance-t-elle avec un ravissant accent irlandais.

– Tout à fait. Dois-je prendre votre perspicacité pour un compliment ?

– Les Français sont toujours bien habillés. En quoi puis-je vous aider ? »

Simon sort la lettre prise chez Antoine.

« Je cherche des renseignements sur une société : la *British Management*. Elle a son siège chez vous.

– Je suis désolée, répond la jeune femme. Nous sommes tenus à la plus stricte confidentialité vis-à-vis de nos clients. »

Bon, il faut passer à la vitesse supérieure. Simon sort son « sourire fatal », comme adore ironiser Juliette.

« Bien sûr. Pardonnez-moi, j'aurais dû commencer par-là : je suis associé de cette société.

– Votre nom ? »

La jeune femme passe un appel interne. En attendant la réponse de son interlocuteur, une main sur le combiné pour étouffer sa voix, elle observe Simon.

« C'est la première fois que vous venez à Dublin ? »

Il reste vague.

« Non, pas la première fois.

– Vous restez combien de temps ?

– Juste la journée. Je reprends l'avion demain matin. »

Elle sourit.

« Voulez-vous que je vous donne l'adresse d'un bon hôtel ?

– Vous seriez très aimable, je vous remercie. »

Elle lui fait gentiment signe de se taire. On lui parle. Elle remercie, et raccroche.

« Monsieur Bretahers va vous recevoir. Suite 212 au fond du lobby, sur votre droite.

– Merci. »

Elle griffonne à la hâte deux lignes sur un bloc, déchire la feuille et la glisse à Simon.

« Voilà pour l'hôtel. Personne ne s'en est jamais plaint.

– Vous êtes gentille. Comment vous appelez-vous ?

– Bonne journée, Monsieur, le coupe-t-elle poliment en montrant le couloir, et reprenant son anglais hautin : Mister Bretahers, *that way sir !*

– oui bien sûr. Merci. »

Simon patiente sur une banquette basse. Cinq minutes plus tard, un homme de taille moyenne, plutôt rond, s'avance vers lui, main tendue et sourire chaleureux. Très dix-neuvième, ces favoris, note Simon, et ce petit bouc bien taillé...

« Bienvenue à Dublin, cher Monsieur. Je vous en prie, asseyez-vous. Un thé ? Un café ? »

Simon s'étonne de la qualité du français de Bretahers.

« Ma foi, je veux bien un café. Je rêve de parler anglais comme vous parlez le français !

– J'ai vécu à Lyon pendant quatre ans.

– Le travail ?... Une femme ?... Demande Simon souriant.

– Eh oui, une femme. Ah, les Françaises... Soupire l'Irlandais. Tellement coquettes, belles et sophistiquées. Que de bons souvenirs.

– Vous aurait-elle quitté ?

– Oui, monsieur. Elle m'a quitté... Ce matin, pour accompagner notre fils à l'école. Mais je ne pense pas que vous soyez à Dublin pour que je vous parle de ma chère épouse, s'amuse Bretahers. »

Sympa, ce type. Simon se détend un peu.

« Voilà un document, explique-t-il en lui tendant sa lettre, qui établit l'existence d'une société domiciliée chez vous, la *British Management*. Créée par Monsieur Antoine Barlazatti et moi-même. »

Bretahers lit.

« Tout à fait. Et alors ?

– Pourrais-je avoir accès au dossier ?

– Mais bien sûr cher Monsieur. »

Ordre rapide au téléphone. Peu de temps après, Simon a en main une chemise cartonnée.

« Tout est là ?

– Absolument.

– Y aurait-il un résumé quelque part ? Pardonnez-moi, je ne parle pas anglais comme vous le français.

– Donnez. »

Bretahers tire de la chemise une pochette plastifiée bleue.

« Affaire signée en juin dernier par Monsieur Barlazatti et vous-même, le 26 précisément.

– Par moi ? Se raidit Simon.

– Mais certainement. Voici votre signature. »

Simon se penche sur le bas de la feuille. Mon Dieu. Oui, c'est sa signature, pas de doute. Simon meurt d'envie de cuisiner son interlocuteur sur le quand et le comment de ce paraphe, mais il ne vaut mieux pas. Il pourrait se méfier, et pour l'instant, il faut absolument qu'il en tire le maximum d'informations. Bretahers reprend.

« Achat vente d'objets d'arts de toute nature, etc. Un administrateur désigné nommé par vous et votre associé…

– Pourrais-je avoir son adresse ? Le coupe Simon, un peu brusque.

– Vous l'avez perdue ? S'étonne sincèrement Bretahers.

– Voilà, c'est ça ! Bafouille Simon. »

Incongrues, les demandes du client *frenchie*… Mais Mister Favoris est flegmatique. Il en faudrait plus pour le démonter.

« *Sure*. Voici : Monsieur Karl Fungsheim, au 16 Saint Anne Court à Londres. Je suppose qu'il faut que je vous l'écrive ?

– S'il vous plaît, vous seriez aimable. »

Bretahers note le contact sur un petit carton et le tend à Simon avec sa carte de visite.

« Si vous avez besoin de quoi que ce soit, n'hésitez pas à me joindre.

– Je vous remercie, cher Monsieur. Vous avez été très aimable de me recevoir et de m'aider.

– Je dois bien cela à un Français !

– Je ne dirai à personne que vous avez kidnappé la plus charmante de mes compatriotes, sourit Simon. »

Bretahers se lève pour clore l'entretien.

« Vous restez sur Dublin ?

– Juste cette nuit.

– Souhaitez-vous l'adresse d'un bon hôtel ?

– Non merci, on m'en a déjà donné une. »

Bretahers lui donne une franche poignée de main.

« Dans ce cas, je vous souhaite une excellente journée, Monsieur Larcher.

– Merci, à vous aussi cher Monsieur. »

L'hôtesse n'est plus à son poste quand Simon ressort. Le quartier est agréable, il fait beau. L'image d'une bonne bière « stout » irlandaise et du pub qui va avec lui traverse l'esprit. Mais d'abord, l'hôtel.

Il déplie le petit papier qu'il a calé au fond de sa poche. *Maureen, 01 674 5824*

Simon sourit. Même au plus fort de la tempête, il faut savoir profiter de ce que la vie nous offre. Dans le cas présent, une bière et une fille. Pourquoi pas ? Les deux sont rousses et irlandaises.

13 août

St Anne Court, Londres

Pas loin du quartier des théâtres. Une toute petite ruelle entre Wardour Street et Dean Street, littéralement avalée par l'animation de Soho.

Simon claque la porte du cab, surpris qu'un administrateur de société ait choisi de s'installer ici. L'ambiance est plus bohème qu'affairiste. Les Anglais sont les maîtres du paradoxe...

Simon traverse rapidement Dean Street. Depuis ce matin, il ne fait que courir. Lever aux aurores, douche express et dernier au revoir « à la française » à la rousse Maureen avant d'attraper in extremis le premier avion pour la ville de sa Très Gracieuse Majesté.

St Anne Court serpente entre des immeubles victoriens et des maisons de ville coquettes. Perrons de marbre blanc, portes laquées noires. Une plaque singulière attire l'œil de Simon : *Trident Records Studios*. Ça alors... C'est ici que les Beatles ont enregistrés *Hey Jude* ! Et Elton John *Goodbye yellow brickroad*... Pourquoi fait-il le rapprochement avec New York ? Peut-être parce qu'il éprouve là ce qui le fait frissonner de l'autre côté de l'Atlantique : entrer dans la légende quand où on s'y attend le moins... Se laisser surprendre par les empreintes de l'Histoire, offrant à qui sait les voir des lieux de prime abord insignifiants. Ici, les Beatles, Queen ou Elton John, là-bas, *Macadam cow-boy*, *French Connection* et tant d'autres... Singulier privilège que de partager au hasard les confidences de la ville.

Vingt mètres plus loin, une autre plaque le ramène brutalement sur terre : *Karl Fungsheim, Lt.*

La porte est ouverte. Un grand couloir clair l'emmène tout droit au bureau de celle qu'il suppose être la secrétaire. Cette fois, si elle lui propose un bon hôtel, c'est tout vu, il n'ira pas... Allez, allez, elle a quand même un sourire attachant cette jeune fille.

Dans son anglais scolaire, Simon demande à rencontrer Monsieur Fungsheim.

« Avez-vous rendez-vous ? Demande lentement la jeune femme pour s'assurer que Simon puisse bien comprendre.

– Non, mais je n'en ai pas pour longtemps. Je suis de passage. »

Là, Simon a vraiment rassemblé dans un suprême effort toutes les miettes de son vocabulaire. Elle sourit et le fait patienter.

Apparemment, Fungsheim est d'accord.

« *Come in*, lance une voix. »

Dans le bureau attenant, Simon découvre un homme de grande taille, visage émacié et cheveux gris sel, derrière un bureau recouvert de dossiers.

« – Bonjour, monsieur. En quoi puis-je vous renseigner ? »

Soulagement de Simon : son interlocuteur parle un français impeccable, malgré un accent suisse allemand à couper au couteau qui trahit l'origine de son nom.

« Je m'appelle Simon Larcher.

– Plaît-il ? Ce nom est-il censé me dire quelque chose ? Sourit Fungsheim.

– Pouvez-vous me parler de la *British Management* ? » Enchaîne Simon sans ménagements.

L'administrateur observe Simon attentivement, se calant davantage dans le dossier de son fauteuil.

« Que savez-vous donc, vous, cher Monsieur, de la *British Management* ? » lui répond-il d'une voix mielleuse.

Simon hésite entre irritation et angoisse. C'est quoi ce jeu psychologique bidon à la va-que-je-te-retourne la question ? Il choisit de rester calme.

« Je ne sais rien, et c'est pour ça que je suis venu vous voir.

– Vous arrivez directement de Dublin ? »

Simon se prend la question comme une claque. Fungsheim ricane doucement et croise les mains.

« Si ma mémoire est bonne, et croyez-moi si je vous dis qu'elle est excellente, la *British Management* a été constituée par Monsieur Antoine Barlazatti, citoyen français. »

Simon est tendu.

« Mais quand ?

– Le 26 juin de cette année, naturellement. »

Simon, mon vieux, que tu es naïf... Le type a été prévenu, c'est évident, il s'attendait à la visite... Antoine, Antoine... dans quoi tu t'es fourré ?

« En tant qu'associé à 50 %, parvient-il à poursuivre, je voudrais avoir une copie des statuts de la *British Management*. »

Il se sent minuscule, démuni, à côté de cette formidable mise en scène. Dépassé. Il se défend avec les moyens du bord, c'est-à-dire pas grand-chose, hormis son bon sens et sa détermination à ne pas être le dindon de cette mauvaise farce.

« Mais bien sûr.

– Tout de suite.

– Certainement. »

Fungsheim passe un ordre à sa secrétaire.

Maintenant, c'est le moment d'éclaircir un petit quelque chose.

« Puisque vous semblez avoir une mémoire hors du commun, commence Simon, étais-je là ? Je veux dire, étais-je là pour la signature des documents officiels de constitution de la *British Management* ?

– En personne non, mais vous nous avez renvoyé les papiers signés en bonne et due forme. Nous vous les avons fait parvenir par courrier, en recommandé. »

– Avez-vous l'accusé de réception ?

– Bien entendu. Daté et signé par vous et le facteur. »

Fungsheim cherche, et trouve un petit formulaire tamponné.

« Adressé chez vous, à votre domicile de Sainte-Maxime. Vous voyez, cher Monsieur, tout est en règle. »

Simon manque de se lever d'un bond pour lui cogner la tête contre le mur. Non, rien n'est en règle justement.

« Monsieur Antoine Barlazatti, en revanche, est venu à Dublin pour officialiser la constitution. Nous étions ensemble ce jour-là.

– Petit, brun, légèrement chauve ?

– Je vous demande pardon ?

– Antoine Barlazatti est assez petit, brun et légèrement chauve, n'est-ce pas ?

– Monsieur Larcher, ne cherchez pas midi à quatorze heures. Si vous voulez des précisions, soyez direct. Vous savez comme moi que Monsieur Barlazzatti est de taille moyenne, les cheveux gris coupés court. »

C'est vrai. Simon se sent désemparé de cette évidence – Antoine était bien là.

Fungsheim a un petit sourire de connivence.

« Drôle de société, drôle de monde… À qui peut-on se fier de nos jours ? Tout se sait, vous n'avez pas idée… »

Puis, brusquement :

« Il suffit, vous me faites perdre mon temps. Monsieur Larcher, je vous remercie de l'intérêt que vous portez à nos services mais toutes bonnes choses ayant une fin, au revoir. »

L'administrateur tend une main sèche. En la serrant, Simon sent un petit papier glisser entre ses doigts. Regard sans équivoque de Fungsheim : jouer le jeu et se taire.

« Merci de m'avoir reçu, cher Monsieur.

– Je vous en prie. Au revoir Monsieur Larcher. »

Simon se retrouve dehors perplexe. Ce n'est qu'après avoir contourné Wardour Street sur Broadwick qu'il se décide à ouvrir le papier.

Ce soir. 21 heures. Le Colombier. Dovehouse Street.

Décidément, c'est la série des rendez-vous mystérieux.

Le Colombier, 145 Dovehouse Street, Londres

Simon voit d'abord la belle terrasse couverte d'un store bleu. Ensuite, le petit immeuble en briques rouges caractéristique du quartier cossu de Chelsea.

Un maître d'hôtel lui souhaite la bienvenue en français. C'est la marque du restaurant : personnel et cuisine *made in France*. Les Londoniens adorent et se prêtent au jeu en commandant en français avec un accent charmant.

« Vous avez réservé ?

– Je pense. Larcher, Simon Larcher. »

Vérification derrière le bar.

« Nos excuses cher Monsieur, nous n'avons pas ce nom.

– Fungsheim ?

– Non plus.

– … *British Management* peut-être *?* »

Nouveau coup d'œil.

« Tout à fait. Deux couverts. Suivez-moi. »

Une table ronde dressée au bout de la terrasse chauffée. Au milieu, bien en évidence, une carafe de vin et deux beaux verres.

« Cheval Blanc, 2002, Premier grand cru classé de Saint Émilion, souffle le serveur. La bouteille a été ouverte il y a deux heures. Je suis chargé de vous dire que votre rendez-vous sera en retard. »

Simon s'installe et accepte un verre du Saint-Émilion. Il goûte.

« Je ne sais pas quoi dire : c'est tout simplement une merveille. »

Le maître d'hôtel acquiesce et achève de remplir le verre.

Vingt minutes passent. Personne n'arrive. Simon, reprend pour la troisième fois la lecture de la carte. Le choix, maintenant crucial, balance entre la grouse rôtie au lard et la tête de veau sauce gribiche.

« La tête de veau, sans hésiter. » dit une voix au-dessus de lui.

Décidément, ce Fungsheim, il a un truc. Une sorte de Pythie version suisse allemande. Qu'il ait été prévenu que Simon arrive de Dublin, c'est une chose. Mais la tête de veau, là, c'est très fort.

« Bonsoir, Monsieur Larcher, veuillez excuser mon retard ».

Debout près de sa chaise, il a l'air nettement moins grinçant que tout à l'heure, presque avenant.

« Rassurez-vous, il n'y a rien de magique, c'est de la pure logique. Je peux m'asseoir ?

– Je vous en prie, l'invite Simon. Mais expliquez-moi comment vous faites !

– Vous allez être déçu, c'est très simple. Vous remarquerez que le menu est composé de onze viandes et de cinq poissons. Je vous observe et ça va faire dix minutes que vous hésitez. J'en déduis que votre choix ne se porte pas sur le poisson, car entre cinq plats seulement vous auriez été plus rapide. »

Il regarde le maître d'hôtel lui verser du Cheval Blanc.

« Choix que j'ai influencé en faisant ouvrir une bouteille de grand cru bordelais.

– Bien joué, admit Simon. Mais quand même, la tête de veau c'est un contre onze…

– La logique, cher ami, la logique… Onze propositions de viande… Vous êtes fatigué, donc, pressé. Soit vous choisissez ce que vous connaissez, soit vous allez vers l'inconnu. Vous me suivez ?

– Jusque-là, tout va bien. »

L'administrateur goûte le vin et soupire d'aise.

« Ça oui, c'est magique, souffle-t-il. L'inconnu ou le classique, donc ? L'aventure ou le raisonnable ? Hier soir, vous étiez à Dublin. Aujourd'hui, à Londres, avec des ennuis plein les poches. Une situation hors du commun. Tant que vous y êtes, vous gardez le cap de l'inconnu. Du coup, trois plats vous interpellent : la fricassée de rognons à la dijonnaise, la perdrix rôtie au lard et la tête de veau sauce gribiche.

– J'aime bien les rognons, pourtant.

– C'est justement parce que vous les aimez bien que vous ne les choisissez pas. Entre les deux restants, j'ai parié sur ce que je prendrais.

– Très bien, approuve Simon. Mais vous avez biaisé mon choix avec le Cheval Blanc.

– La logique est encore plus belle quand on la maîtrise parfaitement. »

Pendant le repas, ils abordent tous les sujets possibles, sauf l'essentiel. Encore un qui connaît le guide des bonnes manières...

Effectivement, c'est au café seulement que Karl Fungsheim se penche vers Simon, baissant comme de rigueur la voix pour ménager les confidences.

« Impossible de vous parler au bureau. Chez moi, les murs ont des oreilles. Monsieur Larcher, vous savez que vous avez été piégé. »

Simon sent son cœur s'emballer.

« Monsieur Antoine Barlazatti a des fréquentations curieuses. Et dangereuses.

– Que voulez-vous dire ?

– Lorsqu'il est venu me voir à mon bureau pour me demander d'être l'administrateur de la *British Management*, j'étais partant sur le principe...

– Pourquoi ?

– Parce qu'administrer des sociétés, c'est mon métier, souligne Fungsheim en frottant le pouce et l'index de sa main droite. Monsieur Barlazatti était d'un abord sérieux et sympathique. En première lecture, les statuts de la société m'ont semblé parfaitement légitimes. Je n'avais aucune raison de refuser. Jusqu'à la mention de l'association, et de votre nom... »

On pose l'addition sur la table. Simon note que le suisse est vraiment suisse ne faisant aucun mouvement, aucun regard vers elle. Il frissonne à l'image de la bouteille de Cheval Blanc et tend sa carte de crédit sans mot dire. Fungsheim, feint de ne pas remarquer le petit agacement de Simon, poursuit.

« J'ai trouvé étrange, ou pour le moins incompatible avec la déontologie du métier, que vous, Simon Larcher, associé à 50 % d'une société sise à Dublin, soyez absent le jour de sa constitution. J'ai donc demandé à vous rencontrer.

– Et ?

– Et Monsieur Antoine Barlazzati m'a présenté ses amis. Deux hommes qui étaient manifestement restés à l'extérieur durant la première partie de notre entretien ont fait irruption dans mon bureau sans s'annoncer. De type asiatique, très carrés, visage fermé.

– Des gorilles ?

– Vu leurs méthodes, je pencherais plutôt pour des tueurs, corrige Fungsheim. Quand j'ai insisté pour vous voir, Monsieur Barlazatti, secondé par ses molosses, est devenu très directif. "Je paie bien, vous n'avez aucune condition à poser". J'ai d'abord refusé. »

Fungsheim plisse les yeux.

« Ils m'ont, disons… convaincu, si vous voyez ce que je veux dire », explique-t-il en passant un doigt le long de sa gorge.

Simon blêmit.

« Mon Dieu… Mais… vous n'avez pas porté plainte ?

– Monsieur Larcher. Je ne suis pas un héros et je suis dans le commerce, J'ai préféré ne pas compliquer davantage la situation. Je me suis, disons… écrasé. »

Simon réfléchit à toute vitesse. Il dérape, ce scénario. Antoine en parrain chinois, ça ne va pas du tout… D'abord, comment on dit « embrasse la bague » en mandarin ?

« Monsieur Fungsheim vous m'attendiez, n'est-ce pas ? »

Fungsheim hésite avant de répondre.

« Effectivement. Quelqu'un m'a téléphoné. Ne me demandez pas qui, je vous jure sur la Bible que je n'en ai aucune idée, mais j'ai été prévenu. »

L'administrateur pose sa main sur le bras de Simon.

« Quand effectivement vous vous êtes présenté à mon bureau, j'ai d'abord eu peur. Très peur. Mais j'ai vite compris que vous n'étiez au courant de rien, et que vous étiez vous-même en train de vous débattre dans le brouillard. Voilà pourquoi je vous ai donné rendez-vous ici. Je ne suis pas un héros, encore une fois. Mais je me suis dit que c'était un devoir élémentaire d'humanité que de vous mettre en garde. »

Tous deux se taisent un moment, se regardant dans les yeux.

« Que dois-je faire ? Laisse tomber Simon, la voix étouffée par l'angoisse.

– Ça me semble évident : aller voir votre associé.

– Il a disparu. »

Le visage de Karl Fungsheim se crispe.

« Rentrez chez vous, Monsieur Larcher, devenez invisible. Ces gens ne plaisantent pas. »

Simon et lui se lèvent en même temps. Il n'y a plus rien à dire.

« Bonne chance, Monsieur Larcher. Que Dieu vous protège.

– Laissons Dieu où il est… Ce n'est pas lui qui veut ma perte. Au revoir, Monsieur. Et merci. »

Simon prend la direction de Fulham Street, hèle un taxi.

« Pancras Station. »

Le chauffeur se retourne.

« Vous comptiez prendre le train ? »

Ah, l'humour britannique…

« Effectivement, j'aimerais rentrer sur Paris.

– À près de minuit vous êtes optimiste. Le premier Eurostar part à 5 h 40 »

Petit silence.

« Vous voulez l'adresse d'un bon hôtel ? »

Simon sourit. Décidément…

« Oui, s'il vous plaît.

– *Jesmond Dene*, sur Argyle Street. C'est à deux pas, et confortable. À voir votre tête, c'est tout ce dont vous avez besoin. »

Curieusement, Simon n'a pas besoin de traduction.

« *Indeed*. Je suis épuisé. »

Jesmond Dene Hôtel, Argyle Street, Londres

La chambre est simple mais confortable. Un grand lit occupe la surface exiguë. Télé sur un meuble, petite salle de bains :

confort de base. Simon se laisse tomber de tout son poids sur le lit. Réflexe malgré la fatigue : appeler Éric.

« Ah, Simon, enfin ! Tu es où ? »

C'est bon d'entendre une voix amie.

« À Londres. J'ai rencontré l'administrateur de la *British Management*. Drôle de type. »

Il raconte sa journée à Éric, la conversation expéditive chez Fungsheim puis les confidences du dîner. À en croire son silence, Éric est dubitatif comme Simon.

« Voilà… Et toi, tu as appris quelque chose ?

– Tu prends quel train ? Se contente de répondre Éric.

– Celui de onze heures je pense. J'aurais pu partir plus tôt, mais j'en ai assez de courir. Pourquoi ?

– Viens me voir. On prendra le temps de discuter.

– Éric, qu'est-ce qu'il y a ? »

Éric semble hésiter à répondre.

« J'ai eu des nouvelles d'Antoine. Il est vivant. »

Choc. Simon n'en revient pas.

« C'est vrai ?

– Évidemment que c'est vrai !

– Mais comment le sais-tu ? Pourquoi tu ne m'as pas appelé tout de suite ?

– Demain, insiste Éric. Je te raconte tout. »

9

14 août

St Pancras International Station, Londres

Simon s'installe dans le coin club du wagon. Quatre places face à face. Veille de quinze août oblige, l'Eurostar est pratiquement vide. Deux personnes, tout au plus dans la voiture. Pour ne pas commencer la journée en ruminant ses inquiétudes, Simon se force à lire la rubrique économique du journal.

Chuintement hydraulique. La porte du wagon coulisse. D'un pas leste, une jeune femme fait son entrée. L'air de poursuivre sa lecture, Simon note la silhouette fine, les grands yeux céladon. Si Eurostar n'existait pas, elle aurait pu débarquer d'une mini Cooper sur un ferry, Gainsbourg et son Gainsborough. Cuissardes blanches vernies, jupe à la Mary Quant assortie d'un blouson près du corps. Et même l'air légèrement boudeur d'un visage qui reste gracieux. De fines lunettes dorées relevées dans sa chevelure blonde et lisse lui donnent de faux airs d'Emma Peel dans Chapeau Melon et bottes de cuir.

Abandonnant tout à fait ses réflexions sur le possible redressement de la zone euro, ce qui fait la une des tabloïds anglais, Simon se concentre sur l'air fragile de cette jeune femme – vulnérable, donc attachante… donc séduisante.

Puis sur un problème statistique sérieux. Train ou avion, quelles meilleures probabilités pour une belle rencontre ? D'expérience, en avion entre Nice et Paris, la chance d'avoir une jolie femme assise à côté de lui est quasi nulle. En huit ans, peut-être deux, ou trois fois tout au plus.

En effet les voyageurs fréquents sont parqués dans les premiers rangs de l'avion, on y trouve que des hommes à part une ou deux working girls, trop occupées à gérer leurs mails pour regarder l'environnement humain.

Simon prend les paris tout seul. Il observe la demoiselle remonter le couloir à la recherche de sa place. Suspense insoutenable à mesure qu'elle approche, d'autant qu'elle va lentement et hésite à chaque siège, chargée d'un gros sac de voyage et d'un sac à main. Un Birkin, et bleu, elle a dû attendre au moins six mois pour l'avoir. Elle passe sans s'arrêter. Bingo, à mille contre un. Avion ou train, c'est pareil, elles ne voyagent jamais avec moi.

Acceptant la fatalité, Simon retourne aux brèves financières. Mais deux minutes plus tard, il sent un mouvement en face de lui. Ciel. Elle a fait demi-tour et s'assoit en face ! S'il avait misé, Simon serait ruiné.

La jeune femme salue poliment Simon, sans un mot, puis sort des livres et plusieurs cahiers de son gros sac. Elle se plonge illico dans sa lecture, stylo à la main, prête à prendre des notes.

Petite secousse : le train démarre.

Principles of Business Law, déchiffre Simon à l'envers... Étudiante en droit international, sûrement : un esprit sain dans un corps sain.

Quand Miss Monde, comme il vient de la surnommer très spontanément en pensées, aura fini son livre, elle passera le barreau de New York. Ensuite, pour faire ses armes, elle naviguera de cabinet en cabinet entre Paris, Tokyo et Londres. Elle sera la coqueluche de ses associés, pour affaires ou plus s'ils ont de la chance. Bercé par cette projection certes naïve, mais qui a le mérite de le détendre, Simon s'endort bercé par le roulis du train.

Il sursaute une demi-heure plus tard et se frotte les yeux. Le train file à toute allure dans le tunnel. Miss Monde n'est plus là, mais ses livres oui. Simon est rassuré comme un gamin. Elle a dû aller prendre un café. Bonne idée, il va en faire autant.

Effectivement, Miss Monde est au bar et attend qu'on la serve. Simon se colle au bout de la file d'attente. Elle commande un menu déjeuner.

« Neuf euros et vingt centimes s'il vous plaît »

Miss Monde tend un billet de vingt. Simon ne perd pas une miette de ses gestes. Un régal.

« Pardonnez-moi, dit l'hôtesse, auriez-vous la monnaie ? Je suis à court. Sinon, je prends la carte. »

Miss Monde réfléchit un bref instant.

« Si je prends deux menus, ça ira ?

Voix agréable, douce, belle tessiture : ni trop aiguë, ni trop grave, comme Simon – enfin, comme tout homme normalement constitué finalement, les aime. En tout cas, elle est menue, mais elle a faim !

"Bien sûr".

La jeune femme tourne soudainement la tête vers Simon, et par-dessus les quelques passagers qui attendent aussi, lui sourit.

"Puisque nous voyageons ensemble, accepteriez-vous que je vous invite à déjeuner ?"

Simon est presque aussi scié qu'aux confessions de Fungsheim. Mais dans un genre différent. Beaucoup plus agréable. Règle numéro un, en toutes circonstances : garder sa contenance.

"Hors de question, sourit-il."

Mine surprise, légèrement contrariée, de Miss Monde.

– C'est moi qui vous invite. »

De retour à leurs fauteuils, Simon et Miss Monde déballent leurs sandwichs.

« Je ne me suis pas présenté, dit-il, Simon Larcher.

– Huissier de justice, poursuit la jeune femme en riant. L'huissier des stars, la star des huissiers. »

Décidément, ce show télé, il me poursuivra toute ma vie, se dit Simon.

« Chacun sa malédiction, sourit-il.

– Ma mère est folle de vous. Mais je manque à mes devoirs : Anne-Sophie Guidel. »

Simon serre sa main et enchaîne.

« Future avocate. En droit des affaires. Vous préparez Princeton, peut-être même Harvard. »

Tête bien faite, mais elle met quand même trente secondes à comprendre.

« Mes livres, n'est-ce pas ? Rit-elle.

– Je suis étonné que vous n'ayez pas de migraine...

– Je prépare une thèse.

– Tiens donc ? Et sur quel sujet ?

– Sur *Tommy Shop*. »

Simon hausse le sourcil, tout à fait étranger à la boutique de Tommy.

« Je vois que vous ne connaissez pas le *Truck System*.

– Je dois vous avouer que ça ne me dit rien. »

Elle a un geste de la main qui signifie à Simon que son ignorance est tout à fait normale.

« C'est un système d'économie parallèle aux États-Unis et qui a tendance à se développer en particulier au Mexique, où on l'appelle *Tienda de Raya*. C'est... »

Anne-Sophie cherche ses mots, soucieuse que Simon comprenne bien.

« Avec la crise actuelle, les petits boulots prolifèrent. Mais comme il n'y a pas d'argent, on paye en échange de marchandises. Et c'est souvent à l'avantage des employeurs... Évidemment, les canaux économiques classiques en sont affectés.

– Et pourquoi une thèse ?

– Parce que le phénomène *Tommy shop* prend une ampleur suffisante pour questionner en profondeur la règle de droit et son contournement. »

Simon ne voit pas passer ce qui reste du trajet. Toujours en pleine conversation, il reconnaît les premiers immeubles de la banlieue parisienne. Il entraperçoit en une seconde ce qui l'attend : à peine le pied sur le quai, les ennuis vont de nouveau pleuvoir sur lui comme la misère sur le bas monde. Béni soit ce trajet qui m'a changé les idées.

Miss Monde jette un œil à sa montre.

« Vous êtes attendu ? demande Simon.

– La seule chose qui m'attend, répond-elle en rangeant ses livres dans son gros sac, c'est une gigantesque file d'attente à la station de taxis. Depuis que le gouvernement a baissé pavillon devant eux, la situation est devenue grotesque...

– Si je peux me permettre...

– Vous êtes en voiture ?

– Pas tout à fait, rectifie Simon. J'ai mon taxi personnel. J'envoie un SMS à mon chauffeur attitré, du coup pas de queue, ni les râleurs qui vont avec. Ça vous tente ?

– Voté et adopté, à la majorité absolue. Merci, Simon. »

Gare du Nord, Paris

Dès qu'il reçoit le texto de Simon, Franck – joyeux athlète de cent kilos, cheveux à la brosse et visage carré – file Gare du Nord. Aux arrivées internationales, il reconnaît son client préféré, bien accompagné.

« Mon ami Franck ! le présente Simon. Toujours là quand j'ai besoin du meilleur.

– Monsieur Larcher, je suis content de vous revoir. Où allons-nous ? »

Simon se tourne vers Anne-Sophie.

« C'est vrai, où doit-on vous emmener ?

– Rue de Passy.

Simon se penche vers Franck et chuchote.

– Passe par l'hôtel de ville et ensuite par Rivoli. »

Clin d'œil imperceptible de Franck, qui démarre. Installé à l'arrière à côté d'Anne-Sophie, Simon montre du doigt l'impressionnante file d'attente à la station de taxis.

« Vous auriez pu vous faire de nouveaux amis...

– Dommage, il faudra que je revienne. »

Simon avait vu juste. À peine la voiture a-t-elle démarré que son portable sonne. Les affaires – les ennuis – reprennent.

« Maître Larcher ? Dit une voix masculine.

– Oui.

– Maître Didier Cluny, cabinet Walter et Jackson, Neuilly-sur-Seine. Je représente Messieurs Louis et Valery Kherfend. »

Et merde. Ça devait arriver de toute façon. Les Kherfend ont fait leur petite enquête et ont dû remonter jusqu'à la *British Management*. Simon observe Miss Monde, jambes croisées dévoilant le haut de ses cuisses fuselées, que la courte jupe ne suffit pas à cacher. Il ne peut s'empêcher de ressentir un léger trouble. Il reprend malgré tout ses esprits.

« Mes clients m'ont saisi pour affaire vous concernant. Une plainte va être déposée pour faux en acte authentique, vol et abus de confiance. Vous irez en cour d'assises avant votre destitution. Je vais demander une mesure de suspension provisoire.

– Je ne comprends pas un mot de ce que vous dîtes.

– N'insultez pas mon intelligence, Maître.

– Je n'insulte rien du tout, je ne comprends pas, répète Simon en haussant légèrement la voix.

– Comme vous voulez, continue l'avocat. Mon devoir est de vous prévenir, c'est fait. Au revoir, Mon cher Maître. »

Simon coupe.

« Des soucis ? Demande Anne-Sophie.

– Pas du tout, une erreur. »

Par la fenêtre, la place de l'Hôtel de Ville. Simon a mal au cœur. Trop dur de maîtriser son visage, le tremblement de sa voix, de ses mains. Le compte à rebours s'emballe. Ce n'est qu'une question de temps avant que tout s'écroule. Des années à travailler comme un fou, à se lever plus tôt que les boulangers, à être toujours à l'heure, à cultiver une éthique de travail, toujours raccord avec sa conscience même si ça rapporte moins. Pas juste pour avoir une vie confortable. Pour construire pierre à pierre un petit quelque chose, même modeste, rien qu'à hauteur d'homme, dont lui et ses filles puissent être fiers. La vie de quelqu'un de bien. Tout ça, par terre en un claquement de doigt et sans rien comprendre à ce qui se passe. Son nom sali, sa réputation souillée l'étude fermée, les collaborateurs à la rue. Les filles anxieuses, le doute ou les questions dans leur regard.

Et puis tous mes confrères et néanmoins amis qui vont s'en donner à cœur joie dans le ragot et la calomnie.

Non, mille fois non. Simon serre les poings. Hors de question de prendre des coups sans les rendre. De rester dans le noir. De subir. Ça n'a jamais été son genre, ça ne va pas commencer aujourd'hui.

Il regarde sa voisine, s'accrochant à son profil comme au dernier rayon du jour. Putain ce qu'elle est bandante. Le taxi remonte vers la rue de Rivoli. Je suis dans une galère monumentale. Le principe universel de la vie est de s'aimer vivants. Il prend une grande inspiration.

« Nous avons déjeuné ensemble, sourit-il, mais je ne me souviens pas d'un dessert. »

Elle le regarde, mi-intriguée mi-souriante, sans répondre.

« Nous allons passer devant *Chez Angélina*, célèbre pour ses tartes au chocolat. Ça me ferait plaisir de vous y emmener.

– La proposition est tentante. Mais reconnaissez que cela peut prêter à confusion. Je ne sais pas si c'est très raisonnable. »

Simon pense à la leçon de choses donnée par le sosie de Catherine de Russie au Commandant Bregand. Oui pour un dîner, non pour autre chose, mais ça marche. Ou quelque chose comme ça. Non, pas elle. Pas ces yeux bleu vert, ce visage doux, cette parenthèse enchantée. Elle a raison, ce n'est pas raisonnable. Mais j'ai tellement besoin de me sentir vivant. D'envoyer royalement au diable Kherfend, Cocteau, Barlazatti et toutes les emmerdes du monde. Triple dose de rhum des marins avant la tempête. Dernière cigarette du condamné.

« Non, vous avez raison... mais c'est délicieux. Vous êtes d'accord ? »

Elle sourit.

« Je suis d'accord. »

Le chauffeur, Franck n'a pas perdu une miette de la conversation – ah, les femmes et la gloire – gare sa voiture sur le côté et se tourne vers Simon :

« Je vous attends ici, Monsieur Larcher, déclara-t-il, complice. Prenez votre temps.

– Merci, Franck. »

Chez Angelina, rue de Rivoli, Paris

Les Anglais aiment dire que c'est le salon de thé le plus *frenchy* qui soit. Juste avant la place de la Concorde, sous les arcades de la rue de Rivoli, l'endroit, bien connu des amoureux et des bonnes familles parisiennes, a été inauguré en 1903 par un célèbre confiseur autrichien. Il nomma ce nouveau café en l'honneur de sa belle-fille, qu'il adorait.

La salle, grande et large, brille encore du cadre d'origine – mélange de lambris dorés et de moulures discrètement éclairées de jaune – dessinée par Édouard-Jean Niermans, célèbre décorateur de la Belle Époque. Sur le mur de gauche, un paysage peint à la manière anglaise. Et puis, élégant et présent, en face de l'entrée, le comptoir où s'alignent comme autant de promesses de plaisir macarons, gâteaux et viennoiseries. Pour un amateur d'architecture contemporaine, l'ensemble serait parfaitement raccord… tarte à la crème.

Simon et Anne-Sophie prennent place à une petite table guéridon nichée au fond de la salle.

La jeune femme hésite entre un Mont-Blanc et un chocolat chaud, opte pour le premier avant de se raviser pour le second. Simon se contente d'un café et d'un macaron à la fraise.

« Je reconnais que ça change de l'Eurostar, admet Miss Monde en détaillant le cadre.

– C'est la première fois que vous venez ici ?

– Oui… »

Elle avale une gorgée de chocolat et sourit :

« … Mais attention ! Ne me prenez pas pour une cruche qu'on attrape en lui faisant le coup du parcours touristique de la capitale ! »

– Vous n'êtes pas parisienne ?

– Je suis née à Vannes, mais ça ne veut pas dire que je ne connais pas Paris et ses traditions bourgeoises.

– À savoir ?

– À savoir qu'Angelina est le repaire des fiancés parisiens bon chic bon genre, sourit-elle. Et vous Maître, amenez-vous souvent les petites avocates provinciales perdues au salon de thé ? »

Simon cale sa tête sur sa main droite, détendu.

« Au salon de thé, oui. Je suis plutôt vieille école, coupe de champagne, bar cosy et restaurant feutré, ambiance jazzy.

– Ouh là là, mais c'est terriblement démodé. Ambiance jazz ? Beurk... Je peux ? Demande-t-elle en désignant le macaron de Simon.

– Je vous en prie, je n'ai pas grand faim de toutes manières. Pardonnez-moi, j'ai dû louper un épisode : il me semblait que les femmes étaient romantiques, en quête du Prince Charmant. L'amour fou, que dis-je ? Le *véritable* amour... »

Elle suspend son geste au-dessus du macaron, fixe Simon et éclate de rire.

« Décidément, vous me prenez pour une oie blanche débarquée de ce matin ! Oui, les femmes sont romantiques. J'adore les histoires d'amour au cinéma et Madame Bovary est la femme la plus moderne de son temps. Mais quand un homme nous plaît, pourquoi attendre des heures qu'une histoire marche ? Un dîner, un dernier verre – qui va nous saouler et donc, nous endormir – et peut-être que demain, si tout va bien, nous pourrions nous revoir ? Mon Dieu, que de temps perdu... »

Simon sourit.

« Si je vous suis bien donc, il faut d'abord passer au lit avant de savoir si on va plus loin ? »

Miss Monde acquiesce.

« Je savais que vous me comprendriez.

– Et c'est romantique, ça ?

– À votre avis..., soupire-t-elle.

– Une nuit de sexe intense, meilleur allié de l'amour ?

– Absolument. »

Anne-Sophie est sûre de son fait.

« Vous imaginez deux personnes qui décident de vivre ensemble et s'aperçoivent, parce qu'elles ne s'éclatent pas au lit, que c'est une regrettable erreur ? Quelle tragédie... »

Simon reste silencieux, malgré l'étincelle de désir qui pétille dans son regard. Jusqu'à quand pourra-t-il maîtriser la pression sanguine qui s'intensifie dans son pantalon.

« Quoi ? S'étonne Anne-Sophie, j'ai dit un gros mot ?

– Vous connaissez le passage du rocher de la Sorcière ? » sourit-il.

Miss Monde est un peu décontenancée par l'incongruité de la question.

« Le quoi ?

– Autrefois, vivait à Montmartre une femme si laide que les gamins du quartier l'avaient surnommé la Sorcière. Elle vivait dans une très belle maison de style directoire. »

Anne-Sophie sourit, en coin.

« Le guide gentleman remet ça, chapitre "mystères de Paris"… Mesdemoiselles, vite aux abris ! »

– La Sorcière a disparu depuis longtemps. Mais la demeure est toujours là, transformée en hôtel de charme perdu dans les ruelles de Montmartre. Elle attend sa princesse. »

Il pose ses coudes sur la table et plonge son regard dans celui d'Anne-Sophie.

« La voiture nous attend dehors. Nous allons quitter Angelina et ses dentelles pour filer faire une petite visite à la Sorcière. Nous prendrons la plus jolie suite, et une salade libanaise à la menthe fraîche. »

Miss Monde avale lentement sa dernière bouchée de maca-ron. Elle ne baisse pas les yeux. Simon non plus. Il est assez sûr de lui : la Sorcière, c'est à la fois romantique et cash, non ? Quand même, elle tarde un peu à répondre, Miss Monde. Au bout de quelques minutes absolument interminables, elle sourit enfin… D'un sourire plein de promesses !

« Allons-y. Je suis curieuse de voir si vous vous changerez enfin en prince. »

15 août

L'Hôtel Particulier, avenue Junot, Paris

Cinq heures du matin.

Simon se réveille en sursaut. À côté de lui, Anne-Sophie dort profondément. Sa belle chevelure blonde est défaite et glisse sur son dos délicat. Simon admire la courbe parfaite de sa chute de reins et, porté par sa contemplation, fait glisser le drap au-dessous des fesses, découvrant un petit tatouage. Une clef de sol. L'avocate aime la musique. Il sourit, écoute son souffle régulier, s'émeut de l'air enfantin et boudeur qu'elle garde même dans son sommeil.

Il repense aux dernières heures. Anne-Sophie et les baisers passionnés échangés dans les escaliers qui les avaient menés à la chambre. Le temps de passer le pas de la porte et les deux amants avaient fait valser chaussures, bottes, robe et pantalon. Il y avait bien longtemps qu'il n'avait pas ressenti un tel désir pour une femme... Depuis Caroline, depuis plus de sept ans. Avec Anne-Sophie, il renaissait à la vie, à l'amour charnel, à ce désir violent qui vous fait perdre tout contrôle, qui vous rend animal. Ils s'étaient retrouvés presque nus. Sa Vénus portait comme seule parure des sous-vêtements de soie ivoire qui faisaient ressortir sa peau mate. Habilement il en avait fait glisser le haut puis le bas tandis que ses mains parcouraient son corps parfait, au toucher satiné et à l'enivrant parfum d'ambre. Ses mains l'avaient caressé comme on sculpte. Modigliani n'avait qu'à bien se tenir. Ses seins, juste comme il faut, pointaient comme une promesse. La bouche de Simon s'y était attardée, avait titillé de sa langue ses tétons, avait glissé ainsi le long de son ventre ferme. Il l'avait alors portée jusqu'au lit, avait plongé son visage dans son intimité moite de désir. Ses mains à elle avaient saisi sa tête, ses cheveux, l'engageant à poursuivre plus avant. Simon n'en pouvait plus. L'excitation était à son comble. Il avait empoigné sa taille, avait plongé son regard dans le sien... Et d'un coup de reins l'avait possédée. Jouissance diabolique. Abandon suprême. Nuit de sexe intense, ce n'était pas que des paroles...

Allez, courage. Il sort du lit après lui avoir glissé un délicat baiser sur son épaule. Se frotte les yeux, un peu interloqué de la décoration de la chambre à laquelle il n'a évidemment pas pris le temps de s'intéresser en arrivant. Pour un hôtel particulier de style directoire, faire confiance à des décorateurs contemporains est aujourd'hui quasiment incontournable. Cette fois, c'est réussi, admet-il. Autour du lit, les quatre murs sont entièrement recouverts d'une gigantesque fresque qui plonge la chambre dans une forêt fluorescente. Trois fenêtres font danser les ombres des branches sur les tentures des toutes premières lueurs de l'aube.

Ô temps ! Suspends ton vol, et vous, heures propices ! Suspendez votre cours : Laissez-nous savourer les rapides délices Des plus beaux de nos jours !

Béni sois-tu, Lamartine, d'avoir su dire pour nous la poignante émotion du temps qui nous échappe. Car, oui, inexorable, la nuit s'efface et emporte la douceur des étreintes de la nuit. Le jour revient, les soucis avec lui. La parenthèse enchantée est close.

Simon rassemble en silence ses affaires éparpillées au sol. S'habille rapidement. S'abandonne, juste quelques instants encore, au spectacle de sa belle au bois dormant. Un baiser muet lancé du bout des doigts, et il quitte la chambre.

Cinq minutes plus tard, il est rue Lepic. Il sort son portable Quelques sonneries. La voix endormie d'Éric décroche dans une bordée d'injures.

« C'est moi. »

Nouveau grognement suivi d'un silence.

« Putain, mais qu'est-ce qui te prend de m'appeler à cinq plombes du mat ?

– Tu me manquais trop, plaisante Simon.

– Toi, t'es vraiment con, t'as pas appris à l'école. »

Éric renifle.

« Mais qu'est-ce que t'as foutu ? J'attends ton coup de fil depuis hier !

– J'ai eu un empêchement, prétexte Simon. »

Si tous les empêchements pouvaient avoir ces formes-là…

« T'es où ?

– Montmartre.

– Rapplique de suite à la maison. »

La réalité a clairement repris ses droits. Simon va droit à l'essentiel.

« Antoine est vivant ? Où est-il ?

– Arrête de causer et arrive, bon sang ! Je prépare le café et toi, tu amènes les croissants.

– Un quinze août ? À cette heure-ci ? Comment veux-tu que je trouve une boulangerie ouverte ?

– C'est ton problème, mon pote. »

Rue Greffuhle, Paris

À proximité de la place de la Madeleine, la rue de Castellane part de la rue Tronchet pour retrouver la rue de l'Arcade. Si on la suit, on ne peut pas manquer la rue Greffuhle, discrète et paisible allée vers la rue des Mathurins.

Le jour se lève doucement, la chaleur est douce.

Éric habite un joli petit hôtel particulier du 19ᵉ. La porte cochère, assez massive, est coiffée d'une flèche en fer forgé. Autrefois demeure d'un grand chevalier d'industrie, l'immeuble a été divisé en plusieurs appartements après la ruine du premier propriétaire.

Éric a d'abord acheté celui du premier étage, avant de s'agrandir en acquérant le deuxième étage dix ans plus tard. Simon s'est toujours demandé pourquoi un célibataire endurci avait besoin de trois cents mètres carrés pour vivre.

« Pour rassurer ma mère. », lui répond invariablement Éric.

Simon connaît le code d'accès à la cour pavée, soigneusement entretenue, ravissante. Le premier étage est allumé. Il sonne.

« Ouais ?

– C'est la boulangère »

Le hall est très solennel, pavé de larges dalles noires et blanches. Simon grimpe l'escalier au pas de course.

Devant l'entrée de son appartement, Éric, drapé d'une superbe robe de chambre bordeaux, campe, bras croisés mais l'œil toujours endormi, appuyé sur le chambranle de sa porte.

« Il faut vraiment que je t'aime, toi, lâche-t-il d'une voix rauque. Tu as trouvé du pain ? »

Simon brandit fièrement les deux baguettes qu'il a réussi à dénicher sur le chemin, en frappant directement au laboratoire d'une boulangerie.

Chez Éric, même Prévert ne pourrait pas décrire la décoration. Il n'y a aucune unité, ni de thème, ni de couleur, ni d'ambiance.

À croire qu'Éric a juste acheté ce qui se fait de plus cher chez les marchands de meubles à monter.

On ne peut pas dire que c'est moche, et encore moins prétendre que c'est beau. Il est même évident qu'il manque à l'endroit une touche féminine. Pourtant, l'appartement est propre et bien rangé. S'il n'a pas un goût très assuré de la décoration intérieure, Éric a en revanche une sainte horreur du désordre.

Dans la cuisine, une bonne odeur de café réconcilie un peu Simon avec la vie. Le pain est encore tout tiède.

« Bon, commence Éric entre deux bouchées, j'ai appris des trucs. Toi aussi j'imagine, comme l'existence de la *British Management,* certainement. »

Simon confirme de la tête.

« Ou encore de la *Tropical Cayman Bank*…

– J'ai un compte chez eux. »

Éric rompt un quatrième morceau de baguette. Il le beurre et le couvre d'une épaisse couche de confiture à la framboise.

« Bon, alors qu'est-ce que t'as découvert chez les roast-beefs que je n'ai pas compris avant toi ? »

Simon raconte ses deux dernières journées, sans omettre un seul détail – hormis la « parenthèse enchantée ». Même l'amitié la plus solide a ses jardins secrets.

Éric apprécie beaucoup l'approche de l'hôtesse d'accueil de chez Bretahers, et demande l'adresse en cas de séjour improvisé à Dublin. Il se calme quand Simon en arrive aux détails du dîner avec l'administrateur. À la mention des tueurs supposés accompagner Antoine, il devient carrément grave – rarissime pour Éric.

« Antoine avec les triades ? Ou les Yakusas ? J'ai du mal à y croire. »

Il termine sa tartine – géante il y a encore deux minutes – et ajoute, l'œil songeur :

« J'ai un copain à la Société de Banque Orientale, à la salle des marchés. Super pro de la finance internationale. Je lui ai parlé de la *British Management*. Il a fait des recherches et a pu remonter jusqu'à la *Tropical Cayman Bank.*

– Je suis créditeur de près de trois millions et demi de dollars, le devance Simon.

– Je sais. Ravi que tu sois riche, t'en feras profiter les copains. Tu vois, à quelque chose malheur est bon ! Raille Eric en se préparant une cinquième et gigantesque tartine.

– Imbécile. Ma seule richesse a deux noms, Juliette et Jeanne. Tu le sais très bien. »

Tout absorbé qu'il est par le beurrage de son pain, Éric devine plus qu'il ne le voit le regard courroucé de Simon. Il n'insiste pas.

« Bon. Sur la *Tropical Cayman Bank*, mon pote a jeté un œil donc. Et il a trouvé quelque chose d'intéressant que tu ne sais peut-être pas pour le coup. »

Il se verse du café.

« Une banque "normale" reçoit ou émet plusieurs dizaines de virements internationaux dans une journée. Or la *Tropical Cayman Bank* n'a reçu qu'un seul virement étranger, de Genève, pour un montant de 250 000 euros, soit quelque chose comme 375 000 dollars, le 5 août.

– Le lendemain de la vente du *Dormeur Réveillé*, pense Simon à voix haute. Mais d'où vient le reste alors, les presque trois millions qui figurent au compte ?

– Des dépôts en espèces, apparemment. Mais en tout cas, pour revenir au virement de Genève, il n'est pas resté long-temps aux Caïmans, enchaîne Éric. Il est reparti le lendemain matin, pour être versé sur le compte d'une société établie à Paris.

– Tu sais laquelle, je suppose. »

Éric cesse de mastiquer. Il regarda Simon droit dans les yeux.

« Oui. Devine ? »

En quelques jours, Simon est devenu allergique aux devi-nettes. D'autant que là, Éric a son mauvais sourire De Niro.

« Vas-y.

– *Corsica Dem.* »

Coulé. Corsica Dem, les joyeux déménageurs d'Antoine.

« Voilà pourquoi je te dis que le corse est vivant. Vivant, et au soleil. »

18 août

Rue du faubourg Saint-Honoré, Paris

À cette heure matinale, l'étude est presque vide. Presque, car même à sept heures et demie, Simon sait que Marceline est déjà arrivée. Pas besoin de vérifier, c'est comme ça depuis plus de dix ans. Effectivement, un lointain « Bonjour Maître ! » lui fait chaud au cœur. Le bateau coule, les fidèles sont à la barre. Simon entre dans son bureau, pose sa veste sur le dossier du siège visiteur, s'installe.

« Marguerite, indique-t-il par téléphone, vous pouvez venir me voir. »

Dix secondes après, Marguerite est face à lui, intriguée. C'est rare que Simon la convoque aux premières heures de la journée. Les traits tirés du patron lui confirment que l'humeur n'est pas à la plaisanterie.

« Asseyez-vous, Marguerite.

– Si grave que ça ?

– Plutôt. »

Simon lui raconte toute l'histoire de la *Collection Transparente*. En détail. Depuis la crémation des œuvres en juillet à la vente du *Dormeur Réveillé* début août. De la *British Management* à Corsica Dem, en passant par la disparition d'Antoine, les mises en garde du Président de la Chambre, les doutes des Kherfend, Sayan-qui-n'est-pas-Sayan, la banque des Caïmans et son compte de Crésus, l'épopée britannique entre Dublin et Londres, Fungsheim qui lui donne des rendez-vous secrets, la pègre asiatique, les découvertes d'Éric.

Marceline reste bouche bée, avant de laisser tomber un sonore « Ben merde, alors ! ».

Simon sourit.

« C'est exactement ce que je me suis dit. »

Marguerite est une femme d'une cinquantaine d'années, de belle corpulence. La première fois qu'il l'a vue – lors de leur unique entretien d'embauche – Simon a cru recevoir la petite sœur de Marie-Thérèse, animatrice de télévision alors très en vogue, à l'accent rocailleux de Toulouse et solidement charpentée. Il a tout de suite eu envie de travailler avec elle, devinant une forte personnalité. Bien lui en a pris. Fidélité, confiance, discrétion, efficacité, rigueur : il sait ce que le bon fonctionnement de l'étude et sa tranquillité doivent à ses qualités.

« Bon, qu'est-ce qu'on fait ?

– Dans les jours à venir, nous allons être attaqués de toutes parts. Nos clients, si nous ne les perdons pas, vont poser des questions. Il faut les rassurer.

– Évidemment. Je ne vais pas leur annoncer que vous êtes au cœur d'un complot financier tenu par la mafia chinoise et un huissier corse.

– Merci Marguerite, sourit Simon malgré lui. Soyez évasive. Dites que je suis malade.

– Et qu'est-ce que je raconte aux autres ?

– Pareil. »

Elle se lève, le front barré de la ride que Simon ne lui connaît qu'en situation d'extrême contrariété.

« Maître, sérieusement. Qu'est-ce que vous comptez faire ? »

Simon se lève et s'approche d'elle jusqu'à lui poser la main sur l'épaule.

« Je vais jouer franc-jeu. Je peux nous sortir de là. Je ne sais pas encore comment, mais je trouverai, comptez sur moi. »

Marguerite le regarde avec une intensité et une profondeur qui lui font tout drôle.

« Bien sûr, Maître », murmure-t-elle avant de disparaître.

La petite horloge Second Empire marque dix heures quand le téléphone sonne. Simon décroche, le nez toujours plongé dans le constat qu'il a commencé après sa conversation avec Marguerite. Continuer à travailler, maintenir l'étude à flot, satisfaire les clients, tranquilliser les collaborateurs : Simon sait que c'est, entre toutes, la première chose à assurer.

« Oui ?

– Maître, dit Marguerite, c'est Amandine de L'essart. »

Simon n'y est pas du tout. de L'essart, de l'essart… Ah mais oui, l'actrice ! L'égérie, la muse du cinéma français… Décidément, il est complètement déphasé.

« Et que veut-elle, cette fois ? » Soupire-t-il.

Il se souvient maintenant trop bien que les deux ou trois affaires qu'il a déjà traitées avec elle étaient assez baroques.

« Elle refuse de me parler.

– Bon, passez-la-moi. »

Clac. Marceline bascule l'appel.

« Maître Larcher.

– Ah, tout de même ! Amandine à l'appareil. C'est une question de vie ou de mort, lance-t-elle sur un ton théâtral »

Comme si Simon n'avait pas encore eu sa dose de psychodrames.

« Tout va bien avec votre compagnon ? S'enquiert-il poliment. »

L'Essart était tombée follement amoureuse d'un humoriste en pleine ascension, au talent indéniable et au caractère infernal. Leurs disputes étaient célèbres et faisaient le bonheur de la presse people.

« Sami est en tournée et je préfère qu'il ne soit pas au courant, répond l'actrice. Maître, je connais votre discrétion. J'ai vraiment besoin de votre aide. Pouvez-vous venir à la maison ?

– Bien, soupire Simon. Je sens que vous êtes au bord du gouffre. Quand puis-je passer ? »

Un silence, et la jeune femme éclate en sanglots :

« Mais vous ne comprenez donc pas ? Parvient-elle à articuler entre deux sanglots. Je vous dis que c'est urgent ! Et vous… Et vous…

– Ne vous inquiétez pas, Amandine, la coupe-t-il gentiment. Je pars sur-le-champ. Vous habitez toujours rue Vivienne ?

– Oui, au 42. Merci, Maître. Je vous attends. »

Les artistes, surtout les plus célèbres, ont ceci de commun qu'ils n'ont aucune notion des réalités quotidiennes. Ce qui pour eux est une authentique crise n'est rien de plus qu'un problème qu'ils ne savent pas résoudre. Tant que la difficulté n'est pas aplanie, ils sont sujets à de véritables attaques de panique. Simon, pour avoir beaucoup travaillé avec eux, ne l'ignore pas.

Il saute sur son scooter, prend la direction du boulevard des Capucines, puis de l'Opéra, et de là file vers, la Bourse.

Rue Vivienne, Paris

Quinze minutes plus tard, Amandine lui ouvre la porte.

Même si leurs chemins se sont déjà croisés, Simon trouve singulier d'être en face de cette femme. On l'a tant vue à l'écran, dans des rôles de compositions souvent difficiles d'ailleurs, qu'on finit par croire qu'elle n'existe réellement que là. Dans ce cinéma exigeant, délicat, un tantinet élitiste.

Elle a la mine allongée et pâle des états de bouleversement avancé.

« Maître ! Enfin, un ami ! Je suis désolée de vous recevoir dans cette tenue. »

Un élégant peignoir de nuit voile à grand-peine la pudeur de la dame. Elle a dû se faire couper les cheveux pour un nouveau rôle : pas sa coupe habituelle, ce carré châtain. De petits cernes bistre marquent son visage de gamine. Le regard marron, d'ordinaire vif et insolent, est éteint. Pourtant, elle conduit Simon au pas de course dans le grand couloir et garde un ton rapide, saccadé.

« Vous devez voir ça. Constatez ! C'est intolérable ! »

Simon la suit de près. Après quelques virages, il pénètre dans une magnifique chambre à coucher. Il a à peine le temps de noter la superbe baie vitrée percée à même le toit que l'actrice l'entraîne déjà dans une autre pièce, puis une autre. Enfin, elle stoppe sa folle lancée dans une salle de bains. Celle du couple, assurément. La pièce est en carrelage bleu pastel, du moins aux deux tiers, une frise marquant la limite avec un mur blanc cassé. Une immense glace, au-dessus de deux grands lavabos en fonte, renvoie le reflet d'une Juliette courroucée et d'un Simon vaguement égaré. Il aperçoit une baignoire – ou une petite piscine, c'est selon – dans l'angle et suit Madame de l'Essart dans une salle d'eau aux trois quarts vitrée. Le système de douche qui court au mur est digne d'un centre thermal. Simon note également qu'un banc de marbre gît au fond du bassin.

« Vous voyez, vous voyez ! Là ! S'exclame la comédienne en désignant l'objet du doigt.

– Oui ? Interroge Simon, perplexe mais poli.

– Là ! Insiste-t-elle. Le banc !

– J'ai peur de ne pas comprendre… »

Elle se plante en face de lui, manifestement furieuse qu'il ne saisisse pas l'ampleur de sa détresse.

« En prenant ma douche ce matin, je me suis assise sur ce petit banc que mon compagnon a eu la gentillesse de m'offrir. Du marbre noir de Golzinne, celui-là même qui a servi à l'embellissement du château de Versailles. À peine installée, badaboum ! Je me retrouve par terre, sous la douche brûlante ! »

Elle tourne des yeux encore pleins d'effroi vers les lieux du drame, puis revient à Simon – qui a du mal à ne pas rire.

« Je suis tombée sur les fesses ! Je suis couverte de bleus ! Je me suis fait mal !

– Je comprends votre douleur, murmure Simon, mais pas la raison de ma présence. »

Amandine hausse rageusement les épaules, excédée de cette incompréhension qui frise la goujaterie.

« Maître. Écoutez. Je suis enceinte de deux mois. Je suis sûre que cette chute a blessé mon bébé ! Peut-être pire !

– Mais je suis huissier de justice, fait remarquer Simon avec douceur, pas médecin.

– C'est certain ! Et c'est d'ailleurs pour constater que vous êtes là ! »

D'un geste magistral et tout à fait inattendu, l'actrice défait la ceinture de son peignoir et, d'un coup de poignet sec, l'enlève. Aux pieds de la jeune femme nue, campée dans une attitude antique, le vêtement fait l'effet d'un drapé de marbre. Elle, royale, immobile s'offre au regard de Simon stupéfait.

« Je vous demande solennellement de prendre en photo les bleus de ma chute, déclare-t-elle sentencieuse, ceci afin de poursuivre en justice les ouvriers qui ont posé ce banc avec tant de négligence. »

L'huissier secoue la tête en fermant les yeux. Quand il les rouvre, elle n'a pas bougé d'un millimètre, le toisant impérieusement, sûre de sa bonne foi.

Simon se résout à regarder le corps exposé à sa vue assermentée, et conclut après quelques secondes.

« Je ne vois rien ici qui puisse faire l'objet d'un constat.

– C'est parce que vous ne savez pas regarder », lâche L'Essart laconique.

Elle tourne sur elle-même, avec lenteur. Elle présente son dos à Simon avant de se cambrer en avant, remontant le fessier. La scène est délicieusement surréaliste.

« Regardez. Là. Deux hématomes. Je vous demande de les photographier et de constater que j'ai subi des traumatismes dont nous ignorons les conséquences pour mon enfant. »

La situation, en plus d'être gênante, devient compliquée. Simon cherche les mots justes pour ne pas décevoir la future maman.

« Voilà ce que nous allons faire. Je vais prendre en photos vos… Enfin, les parties de votre corps qui sont marquées des suites de cette chute malheureuse.

– Je ne suis pas tombée, Maître, le coupe Amandine, toujours penchée en avant, tête remontée vers le haut. Le siège de marbre s'est cassé, provoquant ma chute. C'est tout à fait différent. »

Simon lève les yeux au ciel. Le destin veut qu'il prépare ce qui sera peut-être son dernier constat sur le postérieur d'une célébrité. Des années d'étude et de labeur pour en arriver là : motivant voyage.

« Quand j'aurais pris tous les clichés, continue-t-il, je les mettrai soigneusement de côté. Nous devrons alors attendre la naissance de votre bébé.

– Et ?

– S'il s'avère que votre enfant souffre d'un quelconque trau-matisme – et que, bien sûr, les médecins attestent d'un lien avec votre chute – je vous promets que je vous établirai un constat beaucoup plus solide que ce banc de marbre. Ça vous va ? »

Toujours inclinée, la comédienne pèse chaque mot de Simon. Elle comprend l'engagement officiel de l'huissier, et se redresse enfin, toujours aussi doucement.

« Vous me le promettez ? »

Simon hoche la tête. Rassurée, l'actrice reprend la pose cambrée avec détermination.

« Allez-y, Maître. »

S'il faut voir Naples avant de mourir, le fessier d'Amandine est finalement aussi une étape digne d'intérêt. Simon sort son appareil photo.

Faubourg Saint-Honoré, Paris

Le téléphone interrompt Simon dans le classement de ses photos de fesses du matin. Le nez sous ses lunettes, il hésite à décrocher.

« Madame Barlazatti, annonce Marguerite. »

Finalement, l'affaire l'Essart, c'est plutôt sympa…

« Rose ?

– Simon. Tu m'avais dit de t'appeler si quelque chose se passait. »

Simon se tait, attentif.

« Je viens de recevoir une lettre.

– Pour Antoine ?

– Oui, non… Tu sais, la société de déménagement d'Antoine, Corsica Dem… »

Sans attendre la fin de sa phrase, Simon la coupe, brusque.

« Ne parle de cette lettre à personne, ordonne-t-il, je passe te voir après le bureau. »

Un blanc. Rose chuchote, la voix blanche :

« Tu me fiches la trouille, Simon.

– Pardonne-moi, je suis à cran. Beaucoup de choses me tombent sur la tête en ce moment. »

Il raccroche, se reprochant de s'être laissé emporter. Rose n'a pour seule compagnie que des questions douloureuses et l'angoisse latente de chaque minute qui passe sans son mari.

Encore le téléphone. Encore Marguerite.

« Je suis désolée, Maître, mais quelqu'un souhaite vous voir.

– J'ai un rendez-vous ? S'étonne Simon, convaincu d'avoir organisé sa journée au bureau.

– Non, mais cette personne insiste.

– Femme ? Homme ? »

Il devine le sourire de Marguerite.

« Femme.

– Bon, faites entrer Marceline. »

La porte du bureau s'ouvre presque instantanément. Simon manque de tomber à la renverse. Il s'attendait à toutes sortes de visites – avocat des Kherfend, police judiciaire, tueur à gage, petit copain d'Amandine de l'Essart, le pape, pour une éventuelle livraison de miracles – mais certainement pas à la furie qui déboule dans son bureau.

Les lèvres pincées, le visage fermé de colère – presque l'air d'une poule, pense Simon malgré lui – Miss Monde *herself*. Manquait plus que ça. Comment a-t-elle atterri là ?

Anne-Sophie se plante en face de lui, poings sur les hanches. Simon fait signe à Marguerite – vaguement inquiète, tout au plus – de fermer la porte, ce qu'elle fait soigneusement. Enfin, il lève les yeux pour affronter le regard de l'avocate qui n'avait rien de pacifique.

« Vous n'avez rien oublié ? Lance-t-elle, d'une voix sourde de colère. »

Simon juge sage de ne rien dire et de la laisser s'exprimer.

« Je veux dire, vous n'avez pas oublié de me laisser quelque chose sur la table de nuit ? Vous me séduisez, vous m'emmenez dans un hôtel secret de Paris, vous me faites mon affaire – très bien, rassurez-vous – et vous partez comme un voleur... Je vous le demande, où est mon petit cadeau ? Puisque je ne suis qu'une pute ! »

Il ne cille pas.

« Je vois, continue-t-elle de plus en plus haut. Le bel indifférent, l'homme courtois qui laisse parler les femmes. Mais en fait, vous n'avez rien à dire. Vous êtes bien tous les mêmes. Paroles, paroles, je te jure, il n'y a que toi... »

Simon reste silencieux. Anne-Sophie le menace du doigt :

« Vous êtes… Vous êtes un connard ! Finit-elle par dire. »

Comprenant que la scène touchait à sa fin, Simon se décide à apaiser les choses.

« Vous avez été un moment privilégié et unique, assure-t-il. Mais ce n'est pas l'heure, pour moi, d'avoir une histoire merveilleuse avec quelqu'un que je soupçonne d'être merveilleux.

– Bien sûr, siffle-t-elle. Tellement merveilleuse que nous allons rester amis ?

– En temps normal, oui, soupire Simon. »

Anne-Sophie fronce le museau, remarquant la mine harassée de l'huissier. Elle le dévisage un moment avant de se raviser, d'une voix beaucoup plus douce.

« Vous avez des soucis, je me trompe ?

– Non.

– Vous voulez en parler ?

– Non. »

L'avocate lève les bras, signalant qu'elle a bien compris le message. Simon retourne s'asseoir. Sans attendre d'invitation, elle s'installe sur le fauteuil face à lui. Sans dire un mot, elle ouvre son sac, sort un livre de droit et toujours muette, entame sa lecture.

« – Vous faites quoi exactement ? Demande Simon, intrigué.

– Je lis.

– Et vous comptez lire longtemps comme ça dans mon bureau ?

– Ça ne dépend que de vous.

– De moi ? »

Elle le regarde avec une tendre fermeté.

« Tant que vous ne m'aurez pas dit pourquoi vous avez cette tête de déterré, je resterai ici à lire. Je vous préviens : j'ai d'autres livres dans mon sac. »

Simon pose ses lunettes sur le bureau, se passe la main sur le visage. Assurément, vu sa petite moue, elle ne compte pas bouger.

« Je ne vous connais pas, fait-il remarquer.

– Moi non plus.

– Pourquoi devrais-je vous faire confiance ? »

Simon regrette cette phrase. Poser une telle question, c'est déjà faire confiance. D'ailleurs, elle sourit, gagnante.

« Justement parce que vous ne me connaissez pas. Je suis la seule à qui vous pouvez parler. Simon, que se passe-t-il ? »

C'est quitte ou double. Soit il la jette, soit il se lance. Aucune envie de la jeter. Il se cale dans son fauteuil. Au fond, il n'a rien à perdre. Après Éric et Marguerite, Simon entame son récit, pour la troisième fois.

Il est quatre heures de l'après-midi.

Chez Bofinger, place de la Bastille, Paris

Anne-Sophie lève enfin la tête de l'épaisse liasse de feuillets qu'elle a dans la main.

« Il est vrai que je compte présenter une thèse à Princeton, dit-elle, et que ça fait de moi la meilleure candidate pour te traduire ce charabia, mais tout de même... »

Elle boit une gorgée de sa coupe de champagne.

« Ça donne mal à la tête. »

Ils sont assis dans un coin retiré du premier étage de la grande brasserie, face à face, comme deux amoureux – ce que, finalement, ils sont – qui savourent un apéritif avant de dîner.

Dès la sortie du bureau, ils avaient filé chez Rose pour récupérer la lettre, adressée à Corsica Dem. Le temps de grimper les trois étages, d'embrasser rapidement l'épouse d'Antoine sur les deux joues et de revenir courrier à la main, Simon n'avait pas mis plus de cinq minutes. Bien sûr, Rose avait essayé de le retenir pour dîner, invitation que Simon avait déclinée poliment, ne voyant pas bien la place d'Anne-Sophie dans le décor. Bofinger n'était qu'à quelques dizaines de mètres, ils avaient décidé d'y manger un morceau.

« Bon, qu'est-ce que ça dit ? Demande Simon.

– Beaucoup de choses, soupire la jeune femme après avoir posé sa coupe. Mais pour te la faire brève, Corsica Dem est le nouvel actionnaire à 50 % de *British Management* après avoir racheté les parts d'Antoine.

– Si je comprends bien, Antoine a vendu ses propres parts de *British Management* par le biais de sa vieille société de déménagement ?

– Tout à fait.

– Et quand la transaction a-t-elle eu lieu ?

– Attends… Le 10 juillet.

– Soit, deux jours après la disparition d'Antoine. »

Simon inspire profondément.

« Je ne comprends rien à ce micmac. Sinon qu'on se fout de moi… Il n'y a aucune adresse ? Rien ?

– J'ai vérifié trois fois, Simon chéri. Non, je t'ai dit.

– Donc, c'est chou blanc sur toute la ligne. On n'arrive nulle part. Des montants colossaux partent des Caïmans et disparaissent aussi mystérieusement qu'ils… »

Anne-Sophie regarde Simon, interrogative. Il s'est tu, fixant un point derrière elle. Il reprend d'un coup.

« Et ça ? Pourquoi je n'y ai pas pensé plus tôt ? C'est évident… »

Elle sourit et lui tapote gentiment la main.

« Puis-je être dans la confidence ?

– Je sais par Louis Kherfend que le *Dormeur Réveillé* a été vendu aux alentours de 230 000 euros. Sur le compte de la *Tropical Cayman Bank*, je suis créditeur de plus de trois millions de dollars. Et la *Corsica Dem*, de quatre millions de dollars, c'est bien ce que tu as, là ?

– Oui, mais…

– Entre deux cent trente mille euros et sept millions de dollars, il y a une belle marge…

– Évidemment, cette usine à gaz n'a pas été montée que pour le *Dormeur*, ils se font du blé ailleurs… Merci du scoop…

– Oui, ailleurs, mais pas n'importe où… Sur d'autres pièces de la *Collection Transparente*. J'en suis sûr. Avant le coup de Genève, Kherfend avait déjà eu un doute sur une vente à Moscou. Comment ai-je pu mettre ça de côté ? Il n'y a qu'un seul moyen de le savoir… »

Anne-Sophie sourit.

« Je pourrais presque tomber amoureuse de toi quand tu prends cette voix de juge d'instruction. Et quel moyen, s'il te plaît ? »

Il sourit à son tour.

« Quand tu as emprunté tous les chemins, poursuit Simon sur le même ton pour la faire sourire encore, prends le dernier, le pire : celui de ton ennemi.

– Confucius ? Sherlock Holmes ?

– Simon Larcher. »

Anne-Sophie éclate de rire. Simon fait un signe discret au chef de rang pour passer commande.

Oui, se dit-il, il y a une piste que j'aurais dû prendre depuis le début.

Demain.

10

Place de Furstenberg, Paris

Simon entre le plus tranquillement du monde dans la galerie des frères Kherfend. Dans le fond, une sonnette grésille pour prévenir de son arrivée.

« J'arrive, j'arrive » lance une voix que Simon reconnaît comme celle de Louis.

Effectivement, le profil rondouillard du marchand écarte un rideau vert sombre. Son visage passe du rouge au cramoisi et ses joues se gonflent quand il reconnaît Simon.

« Vous ! »

Il respire bruyamment, plusieurs fois.

« Vous…

– Moi. Monsieur Kherfend, je sais que les apparences ne sont pas en ma faveur, commence l'huissier aimable mais ferme, et que tout laisse à croire que je suis mêlé à cette incompréhensible histoire. Pourtant, je vous jure sur mon honneur…

– De l'honneur ? L'interrompt Kherfend. Vous avez du culot ! Venir dans ma galerie et me parler d'honneur… Je vais appeler la police. »

Ses doigts boudinés attrapent le téléphone posé en face de lui. Simon hausse la voix. Il faut effrayer le bonhomme mais sans lui faire trop peur. Ce n'est pas du droit que j'aurais dû faire, c'est le cours Florent, pense-t-il.

« Appelez la police, je vous en prie. Le temps qu'elle arrive – parce qu'elle a plus important à faire, croyez-moi – j'aurai le temps de faire beaucoup de choses avec vous, voir de vous faire un peu mal… »

Kherfend arrête son geste, stupéfait.

« Vous n'êtes pas sérieux ?

– Si je suis un voleur, je peux être un assassin, non ? Évidemment que je ne suis pas sérieux ! Je suis venu ici parce que j'ai besoin d'aide. »

Le galeriste hausse la tête, façon autruche méfiante.

« Là non plus, vous n'êtes pas sérieux ?

– Je risque de perdre tout ce que j'ai de plus précieux. Croyez-moi, je ne suis vraiment pas d'humeur à plaisanter. »

Le marchand d'art repose le combiné. Simon respire un peu.

« Pourquoi êtes-vous là ?

– Je me suis fait piéger. Ne me demandez pas qui, comment et pourquoi. Je n'en sais rien. »

Louis Kherfend n'est pas encore acquis. Loin de là.

« Vous êtes ici pour gagner du temps.

– Du temps, avec mon métier et mes diplômes, vous pensez que je ne saurai pas en gagner autrement ? »

Le regard de Simon ne cille pas.

« Vous n'avez pas l'air de mentir.

– Puisque je vous le dis.

– Qu'est-ce que vous voulez savoir ? » Demande-t-il, circonspect.

Ouf. Un point de marqué.

« Le nom du courtier qui a vendu le *Dormeur réveillé*.

– Pourquoi je vous le donnerais ?

– Parce que nous sommes dans le même bateau. Si je m'en sors, je vous tire d'affaire aussi. Le courtier est à la base de tout. C'est lui qui est entre l'œuvre de Cocteau, le vendeur – la *British Management* donc – et le client. Il a les contacts et les informations. Je dois le voir. D'ailleurs, vous avez déjà peut-être remonté la piste vous-même. »

La résistance de Kherfend lâche.

« À vrai dire, non, pas encore. Nous avons eu tellement de soucis... »

Il se gratte la tête, pensif et bascule. Il va à un petit secrétaire d'angle, discrètement aligné. Attrape un petit carnet de cuir noir dans un tiroir. Le feuillette rapidement.

« Michel Bachion. Son bureau est à l'angle du boulevard Helvétique et de la rue du Petit Senn, à Genève. »

Simon le remercie de la tête.

« Je vous tiens au courant » lance-t-il par-dessus l'épaule avant de sortir.

Il gagne d'un pas rapide le boulevard Saint-Germain. Le taxi de Franck l'attend, garé au point mort. Anne-Sophie lui ouvre la porte, fébrile.

« Roule, camarade. Sur Roissy. Avec un peu de chance, on attrape le vol de midi pour Genève.

– Alors, attachez-vous parce que je ne conduis plus, répond Franck en passant la première. Je pilote. »

Boulevard Helvétique, Genève

Simon a préféré venir sans Anne-Sophie. Ne pas l'exposer davantage. Il arrive devant un immeuble à l'architecture caractéristique des années 1960, d'ailleurs assez laid. Une façade bleu turquoise, trouée de fenêtres carrées. Six étages tout au plus. *Bachion Courtage* a une belle plaque noire à lettres dorées.

Au troisième étage, une simple mention : *Entrez sans frapper.*

Ce que fait Simon. Dans le petit salon d'attente aux murs blanc brillant règne une atmosphère cossue, cette prospérité discrète qui fait la Suisse. Un canapé à molletons bordeaux attend les confidences derrière une table basse couverte de magazines financiers. Sur la gauche, comme un coup de trompette dans un confessionnal, une borne d'accueil jaune vif, inratable. Quelle idée, pense Simon.

Mais ce qui l'alerte, ce n'est pas tant le goût douteux de cette laque canari que le silence. Il n'y a personne. Pas âme qui vive, pas d'éclats de voix, pas de sonnerie de téléphone. Le salon est désert. Pourtant, vu les locaux, la société doit bien employer du monde… Où sont-ils ? Aux aguets, Simon fait un pas dans la pièce. Les voyants de son bon sens sont dans le rouge, dans le genre « Simon, mon vieux, fais demi-tour fissa ». Mais partir, c'est renoncer aux réponses. Allez, courage. Il entre aussi silencieusement que possible, sans fermer la porte.

De la réception, un long couloir donne sur trois portes fermées. Simon opte pour la dernière, la seule à double battant, capitonnée. Il tourne doucement la poignée et passe une tête.

La pièce est grande et claire, baignée d'un beau soleil d'été. Trois grands bureaux se font face sur une épaisse moquette beige. Et tout autour, un chaos innommable. Dossiers renversés, tiroirs arrachés, écrans brisés.

Derrière le bureau de droite, deux hommes sont penchés sur un troisième, bâillonné, visage ensanglanté et tuméfié.

L'irruption de Simon fait l'effet d'une douche froide. Les types se figent. Le premier, visage carré, coupe militaire, épaules énormes, a le poing suspendu en l'air. Encore une prune pour le pauvre gars fracassé dans son siège en dessous – Michel Bachion, vraisemblablement. Simon lui filerait bien un coup de main, mais le second, visage lisse, des yeux noirs comme la mort et une souplesse de chat, saute par-dessus le bureau et fond sur lui.

Le tout n'a pas duré une poignée de secondes. Simon revoit le geste de Funsheim, un doigt sur la carotide. Il se rue dans le couloir. Courir ou mourir.

Le truc dont on rêve gamin, l'agent secret en smoking qui sème ses adversaires à grandes foulées régulières au milieu d'une foule exotique, c'est du flan. À peine au milieu de l'escalier, Simon sent son milieu de quarantaine, son cœur qui s'emballe, le souffle qui s'épuise. Derrière, il entend l'autre, tout près.

Il sort en trombe et dévale le boulevard Helvétique. Prend une grande avenue perpendiculaire. À gauche, un parc – certainement, le jardin anglais – et à droite, l'avenue Pictel de Rochemont qui remonte. Il opte pour la gauche, parce qu'il voit une foule plus dense. Il a mal aux poumons, et la tête qui tourne. Son corps a l'air de vouloir déposer le bilan, maudites années, mais pas son cerveau qui, paradoxe de l'adrénaline, fonctionne de plus en plus vite. Se faire attraper par le gorille chauve, c'est non seulement se faire pilonner, mais aussi ne pas savoir. Il faut semer ce drone et retourner ensuite chez Bachion. À supposer qu'il y ait encore là-bas quelque chose à voir ou à entendre.

Vu son rythme cardiaque, Simon comprend qu'il ne peut pas gagner au sprint. Pas le choix. Il doit contre-attaquer. Il n'a aucune expérience de combat – hormis une tournée générale de coups et blessures en tous genres qui remonte au lycée, ni un physique de commando spécial. En plus, il sent qu'il n'est plus très loin de l'épuisement total. À bout, il oblique à gauche, dans la rue d'Italie. Là, à quelques mètres, un marchand ambulant de glaces et autres boissons fraîches promène sa petite carriole vert passé. Maintenant ou jamais. Simon fait une volte-face brutale. Le gorille, surpris de l'initiative, freine un peu. Simon en profite, l'attrape au col et joue sur l'élan du type pour le faire pivoter et l'envoyer valdinguer vers la petite chambre froide où sont stockées les canettes de soda. Entraîné par son poids, le colosse s'écrase dans un bruit assourdissant de métal, d'explosion gazeuse et de cris. Simon ne lui laisse pas le temps de se relever et lui jette à la tête la caisse métallique posée sur le comptoir. KO, un round à zéro pour les glaces à l'italienne.

Sans prendre le temps de se féliciter, Simon repart en courant vers le rond-point de Rive, au prix de ses dernières réserves d'énergie. Là, à l'abri d'une porte cochère, exténué, la poitrine prête à éclater, il tombe à genoux. Le sang aux tempes, il voit des petits points blancs plein son champ de vision. Il a peur. Peur de mourir, peur que ça lâche. Calme-toi Simon, calme-toi. Ça va aller. Respire. Les poings serrés sur les hanches, il lève la tête vers le ciel, cherche l'air. On ne se voit pas vieillir, on le devine tout au plus et c'est dans un effort d'une violence inouïe que l'on devine les limites déjà atteintes de son être.

Peu à peu, il récupère. Se lève, essaie de remettre un peu d'ordre dans son costume de lin, fatalement froissé. Jette un coup d'œil prudent à la rue et retourne à bonne allure boulevard Helvétique. Cinq minutes plus tard, il repasse avec mille précautions la porte de la société de courtage. Cette fois, le silence est différent de celui de tout à l'heure. Ce sont des choses qui se sentent, un peu comme rentrer chez soi tard le soir et d'*entendre* tout le monde dormir. Simon comprend d'instinct que la paix est revenue dans les bureaux. Prudent quand même, il va vers le bureau de Bachion. Il entrebâille la porte et constate soulagé que le deuxième colosse de Rhodes a disparu.

Il enjambe les débris jusqu'au corps ensanglanté. Le courtier semble petit et a une tignasse brune épaisse. C'est tout ce que Simon peut distinguer vu comme il est amoché. L'œil gauche est sévèrement enflé et la mâchoire a l'air fracturée. Sentant la présence de Simon, Michel Bachion ouvre l'œil qui lui reste. Il essaie de parler mais ne parvient qu'à cracher un mélange de salive et de sang. Simon l'aide à se redresser.

« Mon nom est Simon Larcher, chuchote-t-il. Est-ce que ça vous dit quelque chose ? »

Nouvelle quinte de toux. Simon insiste, malgré l'état du bonhomme. Il ne peut pas se permettre de lâcher la piste. Pas maintenant, pas après tout ça.

« Vous avez vendu une pièce de Jean Cocteau. Comment vous l'êtes-vous procurée. Et qui vous a donné l'ordre de vente ? »

Bachion crache encore du sang.

« Ambulance, articule-t-il.

– Bien sûr. Je vais appeler les secours. Mais pas tant que vous n'aurez répondu à mes questions. »

Le courtier lance un regard désespéré à son interlocuteur, réalisant que ses tracas ne sont pas tout à fait terminés.

« Qui vous a donné cet ordre de vente ? » répète Simon inflexible. C'est dur de voir ce malheureux comme ça, mais il le faut.

L'homme respire bruyamment, cherche de l'air et ouvre la bouche. Il tousse et prononce dans une grimace de souffrance :

« Lafayette... »

Il laisse échapper un râle et s'évanouit. Simon le repose doucement à terre. *Lafayette*. Qu'est-ce que c'est que cette nouvelle énigme ? Encore cinq minutes, mon vieux, pense Simon à l'attention de Bachion inanimé. Il se dirige vers les dossiers éparpillés, les ouvre un à un. Des ordres de vente divers, des frais de courtage, des analyses de tendances de marché... Rien sur Cocteau.

Le courtier n'est pas fou, une vente pareille, ça doit être presque invisible. Le journal des ventes ne doit pas apparaître officiellement. Bachion l'a dissimulé. Mais où ? Tout ce qui aurait pu servir de planque est défoncé. Tiroirs, casiers d'archives, chemises, tableaux, tout a été retourné.

L'huissier se lève, se force à regarder encore le bureau dans son ensemble. *Lafayette.* Il se concentre sur tout ce qu'il peut voir. Désordre, fouillis, ruine. Une chose pourtant, par terre près de la porte, attire son attention. Et le fait sourire. Une brochure touristique de New York. En photo, un détail d'Union Square Park, avec au milieu, en bien gros, la statue du bon général français, héros de la Guerre d'Indépendance. Simon s'empare du catalogue. Qui n'en est pas vraiment un. Dissimulé par sa couverture et quelques pages sur la *Big Apple*, le cahier central est une succession de lignes comptables.

Des noms, dont le *Dormeur Réveillé*, des dates, des montants. Le cœur de Simon bat à tout rompre. Des transactions d'œuvres de Cocteau à la pelle. Et là ! *La chapelle d'Alès, 1947 !*

Simon revoit la petite esquisse au fusain soigneusement rangée dans sa pochette plastique : « Maître, Jean Cocteau n'est jamais allé à Alès. En 1947, il passait la majeure partie de son temps dans sa maison de Milly-la-Forêt. Seriez-vous en train de me dire que ce dessin est un faux ? Je ne le dis pas, je l'affirme. Les experts aussi. »

Pour le coup, que le Dormeur brûlé chez Artico ait été une copie, et le Dormeur vendu à Genève l'original, ça peut faire sens. Mais la Chapelle ? Brûlée, ou copiée, elle reste un faux, puisque Cocteau ne l'a jamais faite… Comment Bachion a-t-il pu la vendre en passant au travers des expertises ?

Simon n'a pas le temps de démêler ça maintenant. Il regarde sa montre et le corps inanimé du courtier. Il est plus que temps de filer. Simon préfère ne pas téléphoner, mieux pour éviter les traces. Dans le couloir, il brise l'alarme incendie : les secours seront là dans quelques minutes. Michel Bachion est hors de danger, et Simon tranquille.

Deux heures plus tard, installé côté hublot, Simon ouvre la précieuse brochure. L'avion roule doucement vers la piste de décollage. Les hôtesses passent dans le couloir pour vérifier les ceintures. Il étire ses jambes encore endolories par la course et se concentre. Une lecture de bilan, ce n'est jamais une partie de plaisir. Celui-là encore moins.

11

Jeudi 21 août

Paris, rue Massenet

Caroline hausse les sourcils en découvrant Simon sur le seuil de sa porte.

« Toi, comprend-elle immédiatement, tu as un problème.

– Il faut que je te parle.

– Les filles ? S'inquiète-t-elle du tac au tac.

– Non, non, elles vont bien, rassure-toi. Je peux ? »

Elle ouvre davantage. Il entre et reste immobile, les yeux fermés, profitant de ce moment de calme inespéré.

« Tu es seule ? Demande-t-il dans la même position.

– Oui, fait Caroline, pas vraiment rassurée. Tu veux bien me dire ce qui se passe ?

– Sers-moi un café et un tout petit verre de cognac.

– Du cognac ? Tu n'es vraiment pas dans ton assiette. »

Trente minutes plus tard, abasourdie, Caroline essaie de faire le point sur l'histoire invraisemblable que son ex-mari vient de lui raconter.

« Tu as trois millions et demi de dollars sur un compte en banque !... »

Eh bien... De toute l'affaire, elle ne retient qu'une chose : l'argent. Bien une femme, pense-t-il. Caroline se ravise, consciente de sa petite maladresse, enchaînant aussitôt.

« Et pourquoi viens-tu m'en parler ?

– Parce que tu as toujours su me conseiller, avoue Simon dans un chuchotement. Et que là, franchement, je suis preneur. »

Caroline sourit, touchée. La passion s'envole, la confiance reste. Elle serre le bras de Simon.

« Tu devrais parler à Nicolas. Il pourra t'aider. »

Il se raidit, et entend Lino Ventura dans *Les Tontons Flingueurs* : « *Les cons, ça ose tout, c'est même à ça qu'on les reconnaît.* »

« J'ai bien peur que ce soit la dernière chose à faire.

– Je t'assure, plaide Caroline, il est de très bon conseil. Tu ne le connais pas.

– OK, OK, je te promets que je parlerai à ton... – il manque de dire *Jules* – à ton Nicolas. Même si je ne vois pas trop l'utilité de la police de quartier dans un complot international...

– Facile. T'es pas sympa. Les filles, il faut les mettre à l'abri.

– Je ne les sens pas en danger. Personne n'est venu à la maison, elles n'ont reçu aucun coup de fil... Telles que je les connais, la villa doit juste être remplie de copains et de copines. Non, c'est moi, et moi seul, qu'on cherche à atteindre.

– Simon, fais attention. »

Simon regarde son ex-femme, intrigué.

« Tu me crois ?

– Bien sûr. J'ai toujours su quand tu mentais. »

Elle ouvre la porte de l'appartement, le laissant sortir.

« Comment ça ? S'indigne gentiment Simon. Tu penses que je suis un menteur ?

– Je n'ai pas dit que tu étais un menteur, corrige-t-elle. J'ai dit que je savais quand tu mentais.

– Ah oui ?

– Ton nez bouge... » Explique malicieusement Caroline avant de fermer la porte.

Tout seul dans le noir sur le palier, Simon s'entend s'étonner à voix haute.

« Mon nez ? »

Vendredi 22 août

Les Innocents, rue Marbeuf, Paris

« Tout de même, j'ai cru que tu ne reviendrais jamais !

– J'ai bien failli, sourit Simon en embrassant tendrement Miss Monde.

– Raconte. »

Tellement confortable, ce fauteuil en velours rouge. Simon est content d'être aux *Innocents*. Derrière la devanture discrète et bourgeoise qui touche la rue Marbeuf, il aime autant la cuisine *bonne femme* que le pittoresque patron, Charif. D'origine libanaise, l'homme porte merveilleusement bien le costume, souvent taillé sur mesures, et parle le français impeccable de ceux qui ont beaucoup lu les classiques. Quand il vante les nouveautés de la carte, Charif prend ce léger accent levantin qui lui donne encore plus d'élégance et de mystère.

Plats du jour, dos de turbot façon marseillaise ou rognon de veau grillé. Poisson, excellent choix. Champagne ? Mademoiselle refuse, d'un adorable geste de la main.

Qu'elle est jolie. Ces cheveux lâchés, ce tailleur beige... Courrèges, à coup sûr... Elle a l'air toute fine là-dedans... Simon secoue la tête et revient à ses aventures genevoises, qu'il raconte de bout en bout.

« Mon pauvre chéri. »

Elle lui caresse tendrement la joue.

« Qui t'en veut à ce point ?

– En fait, j'ai une petite idée mais pour vérifier, je dois aller à New York. »

Anne-Sophie s'étonne.

« Pourquoi ? Tu n'as pas plus loin ?

– Si ça ne tenait qu'à moi, crois-moi, je resterais à la maison...

– Pourquoi New York ? Insiste Miss Monde.

– Le dossier *Lafayette*. Je l'ai épluché dans l'avion. »

Simon se tait, avale une gorgée de Château-Maime, son rosé de Provence préféré et commence tranquillement son turbot. Anne-Sophie le regarde faire, attendant la suite. Comme il continue sa dégustation, elle se redresse.

« Eh, je suis là, Monsieur Je-mange-mon-poisson-et-j'oublie-le-reste ! Alors ? »

Vraiment trop jolie. Ne pas l'abîmer. La protéger.

« Écoute, ma chérie. Je pars hier à Genève voir un type que je ne connais pas. Quand j'arrive, c'est tout juste s'il respire encore. Moi-même, je ne sais pas comment je suis là maintenant à lever les filets de mon turbot. Tu me suis ?

— Pas vraiment.

— Je m'en doutais.

— Tu ne vas pas mettre en cause la couleur de mes cheveux ?

— Pas du tout, assure Simon en toute mauvaise foi, mais j'y penserai. »

Il lève sa fourchette.

« Quand je suis arrivé à Londres, Fungsheim savait que je venais. Il avait été prévenu. Tu comprends, ou j'achète des crayons de couleur pour te faire un dessin ? »

Anne-Sophie reste sérieuse.

« Quelqu'un te surveille.

— Gagné, acquiesce Simon. Pas de dessin ! »

Il termine son assiette, pose ses couverts. Il est redevenu très grave d'un coup.

« Tu vois la tête de Michel Bachion ? Maintenant c'est juste un beau puzzle pour les chirurgiens qui vont le réparer. Voilà pourquoi je ne vais plus rien te dire. Moins tu en sais, plus je suis tranquille pour ton joli sourire. »

Anne-Sophie observe Simon. On dirait qu'elle pèse le pour et le contre.

« Cette histoire est juste... »

Elle cherche ses mots.

— « ... Incroyable. »

Elle prend une gorgée d'eau.

« On part quand à New York ?

— Comment ça, *on* ?

— On, nous, je t'accompagne quoi !

— Je viens de te dire que je préfère que tu restes un peu à distance...

– Pas question. Je ne te laisse plus t'éclater tout seul. Moi aussi, j'aime les voyages… Et je suis une grande fille, Simon chéri.

Simon chéri fait la moue. Il comprend qu'une fois encore, cette belle tête de mule ne lâchera pas le morceau. Il sent son mobile vibrer, s'excuse et jette un œil. Caroline. À coup sûr, elle s'inquiète pour les filles. Il la connaît, mieux vaut décrocher. Petit clin d'œil à l'attention d'Anne Sophie et il s'éloigne rapidement de la table.

"Je te dérange ?

– Jamais, assure Simon grand seigneur.

– J'ai eu Jeanne au téléphone. Elles vont bien.

– Je te l'avais dit, dit-il gentiment, mais te voilà rassurée.

– Non. C'est pour toi que je me fais du souci. Pour toi que j'ai peur, Simon."

Eh bien ! En des années de vie commune plus quelques autres séparés, il n'avait jamais entendu ça…

"Caro… Ça va aller. Le principal, c'est que les filles, nos filles, aillent bien, hein ? Je vais trouver une solution.

– Quelle solution ?"

Elle a raison. À force de rassurer tout le monde avec cette formule magique, il va bien falloir finir par la trouver, la fichue solution.

– J'y travaille. »

Silence. Caroline hésite.

« Simon… Tu es important, tu es… »

Il n'ose plus respirer.

« Enfin, il y a toujours une part de moi qui ne t'oublie pas. Je ne me vois pas avec toi, mais je ne me vois pas sans toi… Tu comprends ?

– Oui, mon bébé. »

C'est comme ça qu'il l'appelait quand ils étaient mariés. Ça lui donnerait presque envie de pleurer.

« Je te promets qu'il ne m'arrivera rien. Je serai toujours là, pas loin. Tu ne seras jamais vraiment débarrassé de moi. »

Il est content de l'entendre avoir un petit rire.

« Je sais. Que vas-tu faire ?

– Dans l'immédiat, je pars à l'étranger.

– Où ? »

Simon hésite. Révéler sa destination, ça peut la mettre en danger. En plus, c'est un peu la lier, même de loin, à Anne-Sophie. Il préfère rester évasif.

« Je te raconterai. Je dois te laisser. Je t'embrasse.

– Moi aussi. Donne-moi des nouvelles.

– Promis. »

Simon coupe et revient vers Anne-Sophie.

« Tout va bien ? »

Il marque un imperceptible temps d'arrêt. Quelque part, au plus profond de son être, une lumière, ténue, minuscule, vient de jaillir. Pourquoi et comment naît une idée ? Où est la source, goutte à goutte, du raisonnement qui va devenir un torrent de déductions et de complexité ? Mystère. Mais l'instinct le sent, et derrière lui le cerveau s'emballe. Simon ferme les yeux, rentre ses antennes, plonge en lui-même. La détresse de Caroline. Elle lui révèle un aspect des choses auquel il n'avait pas songé. Elle s'inquiète. Nous ne sommes plus ensemble depuis sept ans et elle s'inquiète. À la manière d'un photographe qui essaie de cadrer un paysage immense avec un tout petit objectif, son esprit cherche une cohérence nouvelle. C'est flou encore, mais ça prend sens. Suffisamment pour légitimer une nouvelle stratégie.

« Tout va bien ma chérie. Très bien même. Cher ami, enchaîne-t-il à l'attention de Charif, je ne vais pas pouvoir résister à ta merveilleuse île flottante. À moins qu'elle ne soit pas à l'ordre du jour, auquel cas je devrais faire un constat de non-assistance à personne affamée !

– Je m'en voudrais, objecte Charif faussement contrit. Je vais passer instruction au chef. Mademoiselle se laissera-t-elle aussi tenter ? »

Anne Sophie regarde Simon, mi-intriguée, mi-amusée.

« Que nous vaut cette gaieté ? C'est le Père Noël qui t'a appelé ?

– Mieux que ça. Je t'ai dit que j'avais une idée... En fait j'en ai même deux. Et finalement, il vaut mieux que tu sois au courant, si tu viens à New York.

– Oh ! Tu es d'accord ?

– Tu crois sincèrement que je peux te refuser quelque chose ? »

Elle serre sa main, tendrement.

« Le dossier *Lafayette*. C'est une comptabilité complète des ventes de toutes les œuvres de la *Collection Transparente*.

– Comment ça toutes ? »

Anne-Sophie est bouche bée.

« Toutes. J'ai constaté la soi-disant incinération le 23 juillet. Nous sommes le 20 août. Et tout a été vendu.

– Alors, ce que tu as brûlé...

– De la copie. Intégralement.

– Ce n'est pas ce qu'avaient dit les Kherfend ?

– Non. Ils avaient dit un peu de vrai, un peu de faux, et beaucoup de doutes. L'idée, ce n'était pas tant de brûler le faux que l'incertitude. Et de s'en tirer au moins avec des assurances bien négociées. Emmener au pilon du cent pour cent certifié copie, pour les assurances, c'est peanuts. »

Silence au-dessus des îles flottantes. Simon plonge sa cuillère dans la crème anglaise.

« La *Collection Transparente* que j'ai vue dans le hangar était en carton-pâte, autant que l'expert...

– Mais qui l'a recommandé, celui-là ? »

Simon a une grimace de déception.

« Faire une thèse en droit international, lire des gros bouquins en anglais, et ne pas voir l'essentiel...

– Désolée, ma blondeur reprend le dessus...

– Qui insiste pour que je sois seul avec l'expert au moment des scellés ? Qui était en charge de contacter Sayan ? Et surtout, qui est en première ligne pour toucher le beurre et l'argent du beurre, les assurances d'un côté, la vente en douce des originaux de l'autre ? »

Miss monde comprend enfin !

« Valery Kherfend ! »

Simon sourit. Partie d'échecs.

« Et Louis...

– ... Est roulé par son frère. Il me croit sincèrement coupable. »

La jeune femme reste pensive.

« D'accord... mais la deuxième idée ? »

Simon lui fait son plus joli sourire, celui que Juliette appelle l'irrésistible.

« Laisse-moi te garder quelques surprises, tu veux ?

– Et pourquoi New York ?

Elle ne perd jamais le nord. Il lui prend doucement le menton.

– Je t'expliquerai dans l'avion... Je suis fatigué.

– Monsieur a besoin d'une sieste, peut-être ?

– Exactement. »

Anne-Sophie redevient taquine.

« Et tu t'imagines que je vais la faire avec toi ?

– Je ne peux rien te cacher, tu lis dans mes pensées.

– Le problème, c'est que je ne suis pas fatiguée, moi, justement...

– Tu le seras... Après. »

Bar des Ambassadeurs, rue Boissy d'Anglas

« Pourquoi New York ? demande à son tour Rose Barlazatti.

– Ce dossier trouvé à Genève, explique Simon, est un manifeste de toutes les transactions financières de la *Collection Transparente*. Elles ont été faites par le courtier suisse. C'est lui qui a tout vendu, pour le compte de la *British Management*. »

Ils sont assis face à face dans un petit café de la rue Boissy d'Anglas, pas loin de l'étude de Simon. Elle a les traits tirés et pâles, les yeux gonflés. Comme promis, il la tient au courant de tout. Ça ne soulage pas son angoisse, mais au moins, ça meuble son vertige.

« Je vois. Et New York, là-dedans ?

– Eh bien à chaque opération, le *backoffice* préparait un contrat pour Bachion et un double pour *British Management*. Mais il y a autre chose. Je ne suis pas un pro des synthèses financières, j'ai failli passer à côté : un résumé de chaque acte était aussi envoyé par mail à une autre société.

– Comment ça ?

– Une note de bas de page, minuscule. Mais la même sur tous les contrats de vente : *Approval by Lafayette Kapital, NYC*. »

Il observe Rose et continue, en détachant bien ses mots.

« Les ventes, illégales, n'auraient pas pu se faire sans l'autorisation de cette société.

– Lafayette, comme sur la couverture qui cachait le dossier...

– Oui. Et Kapital avec un K. Comme si ça faisait plus chic... Enfin voilà pourquoi New York. J'ai mon vol après-demain. »

Un œil rapide à sa montre.

« Allez, je file. »

Il lui dépose un baiser léger sur la joue. La pauvre, elle n'a plus la force de sourire. Les jours et les nuits qui passent, sombres les premiers, blanches les secondes, ont réduit ses espoirs à une peau de chagrin.

« Tiens bon, ma belle. Tôt ou tard, nous saurons. »

Le Forum, boulevard Malesherbes

Simon entre et cherche Éric du regard. Il reconnaît son immense dos de rugbyman éternellement penché au-dessus du bar. Le barman accroupi, la tête dans le frigo, cherche désespérément un ingrédient sous son regard inquisiteur.

« Encore à exploiter les masses laborieuses... » Ironise Simon en lui tapant sur l'épaule.

Éric se relève lentement, soupire.

« Je grossis, constate-t-il, je suis moins souple. »

Il étreint Simon avec force, le laissant sans voix.

« Ce barman, enfin ce gamin, enchaîne Éric, ne sait pas faire un *Kiss me quick*.

– Embrasse-moi vite ? Traduit Simon. Vu ta tête, je comprends qu'il n'en a pas envie, le malheureux.

– Mais dis donc, t'es toujours aussi rigolo, toi. Si t'as un copain à la télé, dis-lui qu'il t'écrive un spectacle.

– Tu as cinq minutes ?

– Mieux que ça : toute la vie. Mais rien que pour toi. »

Il s'arrête de parler, un doigt pointé vers le plafond.

« D'abord, le *Kiss Me Quick*. »

L'huissier pivote sur ses talons.

« Alors ?

– Je crois que j'en vois… Gémit la voix du préposé aux alcools. C'est tout au fond du stock, bien caché.

– De l'Angustura, au fond du stock, bien caché, répéta Éric, d'un ton désabusé. J'aurais tout entendu. Allons, dépêche-toi. Sors la bouteille.

– Du quoi ?

– De l'Angustura, camarade. Un concentré d'essences et d'épices, un truc unique, inventé par un toubib prussien engagé dans l'armée de Simon Bolivar.

– Le héros bolivien ?

– Non, le pape, grogne Éric. Bref, pour soigner les soldats, ce gus a inventé un *amer*. Aujourd'hui, c'est la base de cocktails remarquables, dont le *kiss me quick*. »

Simon se hausse sur un tabouret de bar et commande un verre de vin blanc.

« Curieux, cette histoire de soda médicinal me rappelle quelque chose… Je crois t'avoir demandé si tu avais cinq minutes.

– Et je suis sûr de t'avoir répondu que j'avais toute la vie. Mais, tout de suite, mon jeune esclave et moi, nous allons finir ce breuvage. »

Éric dirige son regard vers le barman.

« Un verre à mélange dans ta main gauche et de ta main droite, tu remplis ledit verre aux 2/3 de glace. »

L'employé observe scrupuleusement les indications.

« Pas mal du tout, commente Éric. Maintenant, tu vas remplir ce verre de curaçao rouge d'un 1/5. Exécution. »

Toujours aussi concentré, le barman verse méticuleusement la dose demandée. Éric suit, attentif.

« C'est parfait, murmura-t-il, c'est parfait. Maintenant, tu ajoutes 4/5 de Pernod. Attention, il doit se poser dessus délicatement. Le mélange des deux est fortement déconseillé. »

Simon s'étonne.

« Du Pernod ?

– Le Pernod a un goût subtil, du moins, en ce qui concerne ce mélange. Sois gentil de ne pas nous interrompre avec tes commentaires, l'affaire devient délicate.

– Je te demande pardon. »

Il sourit. Voilà, pense Simon, à quoi tiennent les invraisemblances de la vie. Un jour, sauver la sienne en se débarrassant d'un homme aussi large qu'un porte-avions. Le lendemain, attendre en silence qu'une boisson à base de Pernod puisse voir le jour.

De son côté, Éric félicite le barman.

« – Ah là là, c'est tellement beau... Les deux couleurs se touchent, se frôlent mais ne se mélangent pas. C'est magnifique. Bon, tu rajoutes *délicatement* un trait d'Angustura. Un trait, pas une caisse. »

Le plus fascinant, c'est l'obéissance absolue de ce jeune homme envers son aîné : la même passion les unit. Celle du cocktail bien fait, où le respect des doses – soigneusement étudiées par des ancêtres barman alors adulés comme des dieux par des écrivains comme Hemingway ou Fitzgerald – était primordial. Scène émouvante, ou désuète, c'est selon.

« Très bien, approuve Éric. Il va te falloir briser ce bel équilibre en touillant avec une petite cuillère mais lentement, je te prie. Nous ne sommes pas ici pour gagner une course. Ensuite, quand cette potion divine sera bien remuée, tu la verses – à travers une passoire – dans ce verre qui est le mien. Tout est clair ?

– Oui, Monsieur, absolument.

– Tu es un bon garçon, confirme le maître. Un jour, je te le dis : tu seras un grand barman. »

Éric s'installe sur un tabouret de bar, en face de Simon, et déplie ses grandes jambes.

« Je suppose que tu ne veux pas goûter mon *Kiss me Quick ?*

– Tout ce qui est à base de jaune n'est pas franchement ce que je préfère, refuse Simon.

– Tu as tort. Tu as trouvé quelque chose ?

– Peut-être même un coupable. »

Simon le met au courant de ses péripéties suisses, et des doutes qu'il en est arrivé à concevoir à l'endroit de Valéry Kherfend.

Éric a attendu sagement la fin du récit pour avaler d'un trait son cocktail.

« Merde, alors… »

Il se redresse.

« Et Antoine, là-dedans ? Ses liens avec Kherfend ? »

Simon lève les épaules : il ne sait pas encore.

« Je vais chercher, fouiner, tout retourner. Je veux le retrouver.

– Ouais, et tu pourras lui passer un sacré savon, au corse…

– C'est vrai, mais tu vois, il a beau être partout sur le papier, je ne suis pas convaincu. Des comptes en Irlande, un bureau à Londres, une banque aux Caïman, ça ne lui ressemble pas. Il est plutôt du genre, petites combines faciles que gros coups…

– Ben dis donc, t'es gentil toi. Pas rancunier. »

Simon se tait avant de reprendre :

« Rose est morte d'angoisse. Antoine ne la laisserait pas comme ça, tu ne crois pas ? Plus ça va, plus je me dis qu'il n'est pas parti se dorer la pilule. Il doit y avoir autre chose.

– Si tu le dis… Tu pars quand à New York ?

– Après-demain, 8 h 25.

– Tu dors où ? »

Simon observe son ami avant de répondre.

« Je ne sais pas encore. C'est important ? Tu veux partager ma chambre ?

147

– T'as raison, en fait, je devrais peut-être venir avec toi. Moi, la bagarre, ça me connaît. »

L'huissier imagine la tête de Miss Monde qui découvre la masse de muscles d'Éric dans la chambre new-yorkaise.

« Merci mon vieux, ça va aller. Je vais me débrouiller, et je préfère te savoir ici à veiller sur le barman. »

Simon demande l'addition.

« Dis donc, je comprends pourquoi ton *Kiss me* est *quick*...

– Ah ?

– Vu le prix, on préfère qu'il ne dure pas trop longtemps... »

Pied à terre de Simon, rue Laborde, Paris

Simon arrive à la porte de son pied à terre parisien. Une enveloppe kraft l'attend sur le paillasson.

Il se baisse, la prend. L'ouvre. Son cœur s'arrête. Une image vaut mieux que cent mots, dit-on. Il préférerait cent mots, ou mille, mais pas ces photos-là.

Sur les deux clichés, il y a Antoine allongé par terre, le regard vide, les bras écartés. Cireux, désarticulé. Effrayant. Mort.

Simon s'appuie au mur de la cage d'escalier. La gorge tellement serrée que ça lui fait mal. Il tremble. Se laisse glisser au sol, prostré. Et puis quelque chose de puissant l'envahit : la colère. Celle qu'un homme n'éprouve peut-être qu'une seule fois dans sa vie. Ou jamais s'il a de la chance. Celle du désespoir et de l'injustice. Des tableaux foireux et des fonds crapuleux, passe. La mort d'un homme, c'est une autre dimension. Sans retour. Cauchemardesque.

Pourquoi Antoine ? Qu'a-t-il fait ? Était-il si dangereux ? Qui, pourquoi le faire taire ? Il pense à leur dernière conversation :

« – Antoine, ça va ?

– Oui. Enfin, je crois. Je ne sais pas trop. J'aimerais te parler. »

Antoine n'était pas fatigué. Il avait peur.

« Viens ce soir au Forum après le boulot. Éric nous présente sa nouvelle petite copine, le grand amour de sa vie.

– Non, pas ce soir, Simon, je suis épuisé. »

Quelque chose ne collait pas. Pourquoi n'était-il pas venu ? Pourquoi n'avait-il rien dit ? Antoine, Antoine…

Complètement sonné, meurtri, la poitrine déchirée, Simon rentre chez lui. « Home, sweet home » murmure-t-il mécaniquement, les yeux et le cœur brouillés de nausée. Il pose sa veste sur la première chaise, s'affale sur le canapé et desserre son nœud de cravate. Respirer. S'accrocher à une suite logique de décisions. Il extirpe son mobile de sa poche.

« J'écoute.

– Maître Larcher, Président. »

Raymond Bérouard marque un temps avant de répondre.

« Que se passe-t-il ? »

Simon n'arrive pas à mettre des mots sur la mort d'Antoine. Partager, c'est accepter que c'est vrai. Alors il commence par Genève et ses soupçons sur Valery Kherfend.

« C'est incroyable, conclut Bérouard. »

Incroyable. Tout ce qu'il trouve à dire. Comme Miss Monde, pense Simon.

« Mais comment diable Antoine a-t-il pu se mouiller dans ce genre d'histoires ?

– Président. Justement… Antoine…

– Quoi donc ?

– Antoine est mort. »

Le silence tombe comme une lame. Enfin Berouard reprend.

« Comment, mort ? Comment pouvez-vous affirmer ça ?

– J'en ai la preuve ici même. »

Simon raconte, l'enveloppe, les photos. Sans trop de détails. Il ne peut pas.

« Antoine n'est pas coupable. Mais victime. Au dernier degré, conclut-il. Il a dû découvrir quelque chose de suffisamment énorme pour qu'on le réduise au silence. »

Les deux hommes se taisent à nouveau un long moment, pesant l'extrême gravité de la situation. Bérouard s'ébroue le premier.

« Bon. Au judiciaire de faire son travail. Vous allez leur remettre tout ça. »

Il marque une pause.

« Il faut que vous sachiez aussi... La Chambre a reçu aujourd'hui une demande de Maître Didier Cluny. »

Simon n'a pas oublié le coup de fil reçu le jour de sa rencontre avec Anne-Sophie, alors qu'il l'emmenait *Chez Angelina*.

« L'avocat des frères Kherfend...

– Oui. Il réclame votre mise en suspension immédiate »

Simon se tait. Ça y est, la machine administrative est lancée. Si Cluny obtient gain de cause, Simon n'aura plus le droit d'exercer son métier.

« Que comptez-vous faire ? S'inquiète l'huissier.

– Lui donner satisfaction, répond Berouard, soudain très froid. Je n'ai pas le choix.

– Mais vous ne pouvez pas faire ça ! Je ne suis pour rien dans cette histoire ! »

Bérouard reste de marbre.

« Peu importent votre bonne foi ou mon avis. Les faits sont les faits. Et tous les éléments concourent à votre implication. Qui est l'huissier mandaté pour brûler une collection inestimable ? Vous. Qui retrouve-t-on derrière la vente illégale de cette collection ? Vous.

– Mais Monsieur le Président, c'est insensé ! S'étrangle Simon.

– Vous travaillez à Paris, votre domicile est à Sainte-Maxime : il faut de beaux revenus pour assumer les deux. Vous faites de la télévision, vous roulez dans de belles voitures, vos conquêtes sont dans la presse people. Vous êtes habitué à un beau train de vie, Maître Larcher. Il faut l'assumer.

– Vous êtes en train de me faire un délit de faciès ?! Ne mélangez pas tout, je sais que les confrères sont jaloux, mais pas vous Président ! Pas vous ! »

Bérouard hausse le ton.

« Vous avez raison, je suis le président de la Chambre des Huissiers. À ce titre, je n'autoriserai jamais qu'un de mes confrères ne soit pas exemplaire. Dès demain, je fais partir la requête auprès du Procureur pour que vous soyez convoqué au tribunal. Maître, si tant est que l'on vous appelle encore ainsi longtemps, profitez de vos derniers instants de liberté.

– Mais c'est délirant ! S'entend crier Simon. Un homme, un confrère, est mort ! Et ça vous intéresse à peine ! Vous ne parlez que de moi, de me mettre en prison ! Vous êtes idiot ou quoi ?

– Je vous en prie, siffle Bérouard courroucé, soyez respectueux !

– Je vous ai manqué de respect ? Allons donc ! Qu'attendez-vous pour me faire un procès ? Vieille ganache ! »

Simon coupe net et envoie valser son téléphone à l'autre bout de la pièce. Il fait le point à toute allure. Il ne se passera qu'une semaine, deux tout au plus, avant que le procureur ne donne suite à la requête de Maître Cluny. Sept jours pour prouver son innocence, c'est long. C'est court.

Son regard revient à l'affreuse enveloppe. Faut-il l'annoncer à Rose ? Et qui l'a averti de manière aussi sordide ? Il a peur, il a froid, il se sent au-dessus d'un grand vide. Il ferme la porte à double tour, tire les rideaux, se sert un très grand verre de cognac et laisse la lumière allumée.

12

Samedi 23 août

Gansevoort Hôtel, 9ᵉ rue, New York

Le taxi jaune s'arrête doucement devant le building d'acier. Simon guette secrètement la réaction d'Anne-Sophie. Elle découvre New York pour la première fois. C'est adorable de la voir collée à la vitre de la voiture depuis tout à l'heure.

Le Meatpacking District était autrefois le quartier des abattoirs, et certainement l'un des moins recommandables de Manhattan. Aujourd'hui, à coups de travaux et de liftings des vieux immeubles, le Gansevoort Market, l'autre nom de la zone, est en train de devenir l'un des quartiers les plus branchés de la Grosse Pomme. Simon descend. Un groom arrive aussitôt pour sortir les bagages.

« *Good afternoon, sir. Welcome to the Gansevoort Hôtel.* »

Miss Monde est visiblement ravie.

« C'est beau, tu me gâtes ! S'exclame-t-elle en entrant dans le palace.

– Attends de voir le bar… trente-cinquième étage, vue panoramique dingue sur toute la ville, à 360 degrés.

– Waouh ! On va prendre une coupe ?

– Ou carrément un bain… La piscine est juste à côté. »

Quelques formalités de *check in* plus tard, ils arrivent à la chambre.

« Un moment, Maître Larcher, l'arrête Miss Monde. Vous êtes censé me prendre dans vos bras pour passer le seuil de cette suite, non ?

Non. Pour ce faire, il faudrait que nous soyons mariés, raille Simon. Comme ce n'est pas le cas, j'ai le regret de t'annoncer que je n'ai pris qu'une chambre standard. Pas une suite. Pas d'aller-retour pour Las Vegas, non plus ».

Anne-Sophie mime très bien la déception.

« Pas de soucis, soyons les meilleurs amis du monde. Et rêve pour toucher un seul centimètre de ce corps sublime.

– Tant mieux, je dormirai un peu plus.

– C'est ça, une chambre simple ? » lâche-t-elle en entrant.

De fait, la pièce est superbe. Pour un œil européen, les proportions « US », c'est toujours un choc d'échelle. Lit *king size* sur la droite, face à une baie vitrée immense sur l'Hudson River. Un écran plasma qui fait plus ciné que télé. Même le soleil sur les murs blancs brille mieux qu'à la maison. La décoration est soignée, tout a l'air terriblement moelleux, moquette, coussins, fauteuils.

« Ça te plaît ? »

Miss Monde serre Simon dans ses bras. Elle ne lui dit pas que c'est le prince charmant, mais c'est tout comme. Ah, ces étreintes qui vous font vous sentir beau, fort, et, oui, merveilleusement romantique…

« Dis-moi que tu as au moins un défaut, pour redescendre un peu sur mon échelle de Richter…

– J'en ai assez pour faire frémir une jeune fille comme toi… »

Simon enroule son bras sur la jolie taille et la fait taire d'un baiser qui la renverse sur le lit royal.

Elle l'étreint, langoureusement. Puis lui ôte sa ceinture, déboutonne son pantalon. Elle glisse ses mains et saisit le sexe de Simon. Un frisson le parcourt du bas du dos jusqu'à la nuque. Il la laisse diriger les opérations, soumis à ses envies, à son désir. Son excitation va crescendo. Il s'abandonne à ses caresses. Il sent sa bouche l'engloutir. Son souffle s'accélère jusqu'à ce qu'il explose de plaisir. Elle le regarde alors, avec l'esquisse d'un sourire, satisfaite de l'effet produit. La main de Simon effleure la chevelure blonde. Il aurait presque envie de pleurer de bonheur, de… Il ne sait pas trop… Un sentiment étrange ! Tout va vite, trop vite… Ses problèmes, Anne-Sophie… Il lui semble que tout lui échappe.

Orange Bleue, Broom Street, New York

L'établissement fait l'angle de Broom Street et de Crosby Street, dans le quartier de Soho. Une petite terrasse a été placée sur le côté de Crosby. Quelques clients sirotent des boissons fraîches.

« Il fait vraiment trop chaud, gémit Anne-Sophie. Tu m'avais dit New York, pas les tropiques... »

Simon jette un œil circulaire avant de s'asseoir.

« Petite fille, va !

– Bon, tu me dis ce qu'on fait là maintenant ?

– On prend nos précautions. J'ai déjà fait en mode tête baissée à Dublin, à Londres et à Genève, et j'ai failli y laisser ma peau.

– Quelles précautions ?

– N'écoutez pas ce monsieur, miss, fait une voix derrière eux. Il est sans honneur et sans scrupule. Les précautions, c'est moi. »

Anne-Sophie se retourne sur un homme d'une soixantaine d'années. Un visage ridé, souriant et ouvert, avec de beaux cheveux gris. Il a les yeux magnifiquement pétillants.

« Mon vieux Simon, quelle bonne surprise !

– Jérôme ! Tu parles d'une surprise... C'est toi qui as choisi le lieu de rendez-vous ! C'est quoi d'ailleurs cette Orange Bleue ? »

Les deux hommes s'étreignent, se tapent solidement l'épaule du plat de la main.

« On voit que tu n'es pas venu à New York depuis un moment, toi... Ici, après le 11 septembre, les Arabes dansaient avec les Américains sur de la musique orientale. C'est le meilleur couscous de Manhattan.

– Du couscous ? S'exclame Miss Monde, manifestement intéressée.

– Parfaitement, chère Madame. Si Paris est le berceau de la gastronomie, New York est le carrefour des cuisines du monde. »

L'homme sourit et regarde Simon.

« Alors, on a des soucis ?

– Oui, et pas des petits. Je te l'ai dit : quelqu'un est en train de me tailler un costard »

Simon s'interrompt le temps de passer commande au serveur. Il s'aperçoit qu'il n'a pas présenté son ami à Anne-Sophie.

« Jérôme Ouvrier connaît beaucoup de gens et a fait beaucoup de métiers. Dont certains… Enfin, disons que ma vie pourrait être en danger si je cherchais à savoir. »

Jérôme éclate de rire.

« Ah bravo ! Jolies présentations… Agent secret, tueur à gages, quoi encore ? Allons, allons, soyons sérieux… »

Il prend Anne-Sophie à partie.

« Il cherche à vous impressionner…

– Peut-être y est-il arrivé, sourit-elle un brin charmeuse.

– Je ne crois pas, répond Jérôme, observant attentivement la jeune femme. J'en suis même sûr. Il en faut beaucoup plus pour vous faire peur. »

Le serveur arrive avec les boissons. Ils trinquent de bon cœur.

« Santé ! Aux amis.

– À l'amour ! »

Jérôme se cale en face de Simon.

« Bon, camarade, les choses sérieuses. J'ai fait ma petite enquête. Il y a effectivement une Lafayette Kapital sur Lafayette Street. Il s'agirait d'une société de financement et de *leverage*…

– S'agirait ? relève Simon.

– Oui, ce n'est pas très clair. Les bureaux sont à proximité du quartier chinois, il n'y a pas l'air d'avoir grand monde. J'ai planqué deux jours devant, et je n'ai vu personne.

– Une société écran ?

– Peut-être. »

Il boit une gorgée de vin chilien.

« *Lafayette Kapital* est actionnaire de la *British Management* d'un côté, mais elle-même fait partie d'une autre société à 99 %. »

Simon se redresse.

« Une autre société ?

– Plusieurs, en fait, précise Jérôme. Une arborescence de boîtes prête-nom, basées un peu partout dans le monde : Paris, Londres, New York, Nassau et surtout, Dover.

– Qu'est-ce que ça a de spécial, Dover ?

– La grande majorité des sociétés travaillant dans le jeu et le casino sur Internet ont établi leur siège social là-bas, dans le Delaware. Et pour la plupart, elles ont des filiales relais aux Bahamas. Tu vois le tableau ? »

Jérôme se penche un peu.

« Pour la faire courte, derrière ces boîtes, il n'y a pas que des gens cleans.

– Mafias ?

– Oui. »

Simon suit attentivement.

« Russe, asiatique, européenne, elles sont toutes là. Parce que l'argent y est aussi. Et il file à une vitesse incroyable. Tu penses avoir trois millions de dollars sur ton compte de la *British Management* ? Il n'y a plus rien depuis deux heures. Il n'y a plus de *British Management* non plus. La société a été dissoute par ton ami Monsieur Bretahers, de la société *Johnson and Holters* à la demande de la *Western Company Limited*, elle-même basée à Londres. »

Simon se souvient de l'Irlandais marié à une Lyonnaise. Il lève les mains pour calmer le jeu.

« Attends, attends. La *British Management* a disparu ? C'est possible, ça ?

– Évidemment. Tu me l'as dit toi-même : tous les lots de la collection ont été vendus. Maintenant, ceux qui tirent les ficelles effacent les pièces du puzzle les unes après les autres. Dans quelques jours, il ne restera plus rien.

– Alors je ne pourrais plus rien prouver ! S'alarme Simon. Sauf si je vais à Londres voir cette *Western Company Limited*...

– Voilà ton erreur, souligne gentiment Jérôme. Foncer comme un jeune chien dans toutes les directions... La société est immatriculée à Dublin ? Tu files à Dublin. L'administrateur est à Londres ? Tu décolles pour Londres. Tu t'éparpilles, tu te disperses. Et tu ne vois pas l'évidence.

– Quelle évidence ?

– Simon, je t'ai connu moins bête. Où commence cette histoire ? Où disparaît la collection ?

– À Paris. »

Jérôme acquiesce.

« Exactement. Tout se passe à Paris.

– Peut-être, soupire Simon, soudain très las. Mais à Paris je n'ai aucune piste tangible... Au moins ici je peux jeter un œil dans les bureaux de cette *Lafayette Kapital*... Enfin s'ils ont des vrais bureaux...

– Oh, pour ça, sois tranquille. »

Jérôme sort un petit trousseau de clefs qu'il balance entre ses doigts.

« Le concierge de l'immeuble avait besoin d'argent, moi, j'avais besoin des clefs. Nous avons trouvé un petit arrangement. »

Tous les trois se lèvent dans le même élan. Simon retient Anne-Sophie.

« Attends-nous ici. Je ne veux pas te faire courir le moindre risque.

– Je suis capable de...

– Non, tranche-t-il calmement en accentuant sa pression sur l'épaule de la jeune femme. Tu restes ici, c'est tout. »

Anne-Sophie comprend qu'il n'y a rien à négocier ce coup-ci. Elle se laisse tomber sur sa chaise. Simon commence à bien connaître cette mine boudeuse. Il lui sourit tendrement.

Lafayette Street, New York

Jérôme et Simon ont décidé d'y aller à pied.

Ils prennent par Canal Street, une grande avenue d'est en ouest. Vivante, animée, la dernière peut-être à être réellement populaire. Les chinois y ont installé de minuscules boutiques sur le trottoir, dont les devantures rouges pour la plupart se chevauchent joyeusement. Les New-Yorkais et quelques touristes viennent flâner là le dimanche à la recherche d'une curiosité. Des vendeurs à la sauvette passent sous le manteau des *fakes* de montres de luxe. Canal Street, c'est une espèce de frontière symbolique entre l'Orient et l'Occident. De l'autre côté, c'est la Chine couleur Big Apple. Les banques n'emploient que du personnel sino-américain. Lafayette Street, qui part du nord de Manhattan, à hauteur de la 8ᵉ rue et descend vers le sud jusqu'à Worth Street, coupe logiquement Canal Street.

Ils marchent, et se taisent. Les bruits de New York les absorbent tout entiers. C'est la respiration de la ville, un gage de sa bonne santé. Klaxons à tout-va, sirène de police, deux-tons prioritaire des ambulances, rugissement des V6 et des V12 qui ne roulent pas au diesel. Des filets de fumée opaque sortent des canalisations et envahissent la rue. Nuit et jour, c'est la fourmilière.

Jérôme freine Simon par le bras. Il lui montre un immeuble du menton. Haut d'à peine deux étages, il était coincé entre deux buildings plus modernes et plus hauts. Il a des grandes baies vitrées couvertes d'enseignes fixées à la va-vite, la plupart en caractères chinois, le genre d'immeuble qui sera prochainement remplacé par un gratte-ciel, bien plus rentable.

Ils traversèrent en se faufilant entre les voitures. L'entrée de l'immeuble est sur la droite d'un bazar asiatique. Sûr de lui, Jérôme y va et s'arrête devant les boîtes aux lettres.

« First, things first... »

Il sort un couteau suisse de sa poche et fait sauter sans effort la serrure fragile.

« C'est le facteur. »

Il tend un gros paquet d'enveloppes à Simon.

« Tu liras plus tard. »

Jérôme a un petit soupir agacé et paternel quand Simon glisse les papiers dans la poche revolver de son pantalon.

« Surtout pas. Jamais dans les poches de pantalon, c'est le premier endroit d'une fouille corporelle.

– Où alors ? Dans mon caleçon ?

– C'est le deuxième. Dans ton dos, dans les pans de ta chemise... Si ton fouilleur est pressé, il y a peu de chances qu'il aille voir là. »

Simon s'exécute, range comme il peut le courrier dans sa chemise dans son dos, et remet de l'ordre dans sa tenue.

Ils montent au premier étage par un escalier étroit pauvrement éclairé. Il y a une minuscule plaque adhésive fixée au-dessus d'une porte.

« Du provisoire. Je ne suis pas sûr qu'on trouve grand-chose là-dedans. »

Il sort le trousseau de sa poche, glisse une première clef.

« Ça ne marche jamais du premier coup. »

À la quatrième tentative, la porte cède. Ils entrent rapidement, sans faire de bruit. Un bureau simple et épuré, assez grand. Deux grandes tables en verre sur des tréteaux se font face. Jérôme sort une bouteille de soda de la poche de son blouson et la pose en équilibre sur la poignée de la porte d'entrée. Il va ensuite ouvrir la fenêtre, jette un coup d'œil par-dessus.

« Tu fais quoi ? s'étonne Simon.

– Précautions. »

Il s'arrête et contemple la pièce un instant.

« C'est bizarre, cet endroit est… Joli. »

Effectivement, les murs sont recouverts d'une peinture gris sable. Des cadres photos ont été installés avec soin.

« Pas faux. Et ?

– Je prendrais bien un thé. Non, sans blague, Simon, une dernière chose. »

Cette fois, il ne sourit plus, il coince une bouteille vide sur la clenche de la porte.

« Si cette bouteille tombe par terre, explique Jérôme le menton vers la porte, tu cours sans réfléchir et tu sautes par la fenêtre. Quand tu te réceptionnes, tu fais une roulade avant : ça évitera que tu te casses une jambe. D'accord ?

– Tu crois que…

– D'accord ? Insiste-t-il fermement. Ce n'est pas tout. Je m'occupe de fouiller le bureau. Toi, tu ne quittes pas la rue des yeux. Si tu vois une voiture s'arrêter et des types prendre la direction de l'immeuble, tu me le dis et on saute pareil. »

Simon se poste dans l'angle de la fenêtre en position guetteur. Jérôme commence à vider les tiroirs sans penser à la femme de ménage : il les retourne et éparpille tout par terre. Simon voit Jean-Paul Belmondo dans *Le Voleur*, qui ne s'embarrassait pas à faire des raffinements : il cassait tout. Simon n'aime pas le bazar. Mais bon, ils sont pressés, et la situation est un peu singulière.

« Rien, peste Jérôme. Ils n'ont rien laissé ! »

Le Français accélère le mouvement, ouvre un meuble bas, collé contre le mur. Fournitures de bureau. Rien de rien.

Un bruit de moteur à haut régime les fait sursauter. Jérôme se précipite à la fenêtre. Un gros 4 × 4 bordeaux pile devant l'immeuble. Il attrape Simon.

« Prêt à sauter. »

L'huissier enjambe le rebord de la fenêtre.

« Attends ! Ordonne Jérôme en le retenant par la manche. Attends qu'ils passent. Ils ne doivent pas nous voir. »

Simon essaie de rester calme. Jérôme compte doucement jusqu'à cinq et se lève avec une souplesse frappante pour son âge.

« Maintenant ! »

Ce n'est pas très haut, mais quand même. Du coin de l'œil, Simon voit Jérôme rouler juste après sa réception, comme une boule dans le jeu de quilles des passants. Il entend vaguement quelques insultes alors qu'il commence à courir pour remonter Lafayette Street.

« Ne te retourne pas ! Crie Jérôme. Cours ! »

Déjà à bout de souffle, ils débouchent sur Howard Street, juste après le Holiday Inn. Simon se promet de reprendre le jogging dès son retour en France.

Tout de suite après, Jérôme pivote sur Crosby Street, déserte et sans voitures. Malgré le rythme infernal imposé par son ami, Simon note les galeries d'art et les ateliers de mode.

Ils laissent Grand Street, suivant toujours la même direction. Simon ne va pas tenir cette cadence très longtemps. Jérôme l'encourage. Ils y sont presque. Enfin, le carrefour de Broom et de Crosby Street. L'Orange Bleue. Jérôme se rue dans la salle, talonné par Simon à moitié asphyxié. Il longe le bar, il sait parfaitement où il va. Le personnel les regarde sans mot dire. L'un des serveurs ouvre la porte de la deuxième salle, sans aucune expression particulière, comme s'il avait fait ça toute sa vie. Finalement, les deux sprinteurs se laissent tomber par terre, dans un bruit de respiration hachée, à quatre pattes.

« La routine ? Articule Simon, voix tremblante.

– On peut dire ça... Rétorqua Jérôme. La vache ! Ça m'a rappelé Berlin, avant la chute du mur... »

Ils restent à même le sol quelques minutes. Jérôme se relève le premier.

« Pour un jeunot, tu es à la traîne...

– Et pour un préretraité, tu fais un beau coureur... J'ai rêvé, ou le serveur nous a ouvert la porte tranquillement ? »

Ouvrier retrouve le sourire.

« Pourquoi ? L'endroit m'appartient et je peux encore faire ce que je veux chez moi, que je sache. »

Sacré Jérôme.

« C'est tout de même curieux... continue-t-il.

– Quoi ? »

Simon commence à en avoir assez des choses curieuses.

« Toi et moi ne sommes pas vraiment des sprinters olympiques, pourtant, nous les avons semés facilement. Tu ne trouves pas ça bizarre ?

– J'ai les poumons en feu, je suis au bord de l'attaque cardiaque et tu trouves que nous les avons largués facilement ? Tu plaisantes ? »

Jérôme reste silencieux, fait un geste de la main genre, allez, c'est rien, et sourit.

« *Ad augusta per angusta,* murmure-t-il.

– Ça veut dire quoi ?

– Tu le sauras bientôt. Si nous allions retrouver ta jeune et délicieuse amie ?

– Bonne idée. »

Quelques minutes plus tard, les deux hommes sont assis avec Anne-Sophie dans le bureau de Jérôme, derrière l'arrière-salle du restaurant. Ils épluchent attentivement le courrier subtilisé dans la boîte aux lettres de Lafayette Street.

Beaucoup de publicités ; Papier glacé bon marché et logos criards. Ouvrier s'intéresse à une enveloppe plus sobre qu'il tire du lot.

« Voyons celle-là. »

Simon reconnaît l'entête de l'enveloppe.

« AT & T, c'est une facture de téléphone.

– Donc, une bonne nouvelle, enchaîne Jérôme en dépliant le document. Ces gens ont passé pas mal de coups de fil... Dont plusieurs en France. Regarde ce numéro. »

Simon se penche sur les petits caractères.

« Ils l'ont appelé au moins cinquante fois depuis le jeudi 24 juillet, poursuit Jérôme en suivant les lignes du doigt.

– Le lendemain de la destruction de la *Collection Transparente*.

– Les affaires sont allées vite... »

Ouvrier étire ses bras dans une grimace.

« Ces courses folles ne sont plus vraiment de mon âge, grogne-t-il. Maintenant, il est temps de se poser la seule et véritable question. »

Il se tait et regarde ses deux interlocuteurs, mine interrogatrice.

« J'attends, jeunes gens...

– Pourquoi ont-ils choisi New York ? Hasarde Anne-Sophie.

– Mauvaise pioche.

– Pourquoi on n'appelle pas ce numéro tout de suite ? Comprend Simon.

– Bingo. That is *the* question. »

Jérôme ouvre un tiroir de son bureau et en sort un petit portable noir qu'il tend à l'huissier.

« Sers-toi de celui-là. On ne peut pas le tracer. Cadeau de l'ambassade d'Allemagne. »

Simon compose le numéro, attend quelques instants. On décroche.

« Allo ? »

Voix d'homme.

« Georges ! Ça va ? Biaise Simon.

– Je vous demande pardon ?

– Georges ? C'est moi, c'est François. »

Petit silence, et la voix coupe court.

« Vous faites erreur. »

Simon contemple le petit téléphone noir, léger sourire aux lèvres.

« Toi, commente Jérôme, tu as reconnu quelqu'un…

– En fait je savais qui c'était avant d'appeler. J'avais reconnu le numéro.

– Voyez-vous ça, notre huissier de justice nous fait des cachotteries. Alors, de qui s'agit-il ?

– Valery Kherfend. »

Ouvrier claque des doigts.

« Qu'est-ce que je t'avais dit ? Tout se passe à Paris. Ah, mes petits amis, c'est fatiguant d'avoir toujours raison… »

Il se lève.

« Si vous prenez le vol de 16 heures demain, vous serez à Charles de Gaulle lundi à cinq heures du matin. Votre client n'aura pas le temps de se réveiller que vous lui apporterez déjà le café au lit. »

Simon s'étire, le corps cassé par cette journée de fou.

« En attendant, la priorité, c'est une bonne douche à l'hôtel. Ensuite, puisqu'on est au chômage technique jusqu'à demain, je conduirai ma délicieuse camarade sur Times Square pour une petite comédie musicale.

– So nice ! S'enchante Jérôme. Vous allez voir, jeune fille, Times Square by night vaut le détour. Après le théâtre, pour vous éviter un tête-à-tête trop long avec cet intenable individu, je propose de vous emmener au *Parigot,* tout près d'ici. C'est tout petit et très mignon. »

New York, Gansvoort Hôtel

Dans le taxi qui les ramène au Gansvoort Hôtel, Anne-Sophie se détend un peu. L'attente a été longue pour elle.

« Depuis quand connais-tu Jérôme ?

– Sacré personnage, hein ?

– Tout droit sorti d'une bande dessinée, reconnaît Anne-Sophie.

– Dans les années 1980, Jérôme a créé sa propre agence de mannequin à Paris. Puis, New York. Et Tokyo, Pékin, Rome. Il voyageait sans arrêt, deux ou trois pays par semaine. On lui demandait un rendez-vous discret avec un mannequin, on lui rendait un petit service.

– Un proxénète ? Se récrie Anne-Sophie.

– Non, répond Simon en regardant tendrement la jeune femme. Les services secrets.

– Tu plaisantes ?

– Non. »

Elle en oublie de jeter un œil sur l'effervescence de Bleecker Street.

« Comment tu l'as connu ?

– Comme ça, explique Simon. Jérôme avait une femme anglaise, Betsy, je crois qu'elle s'appelait comme ça... La pauvre femme était tombée dans l'alcool, elle était défoncée dès le matin. Alors, évidemment, quand elle venait chercher les gosses à l'école, ça faisait un peu chiffon. L'école a mandaté un huissier pour que celui-ci fasse un constat en bonne et due forme que Betsy était tout, sauf une bonne mère...

– Et l'huissier, c'était toi ?

– Yes, darling.

– Huissier, espion et maintenant, assistante sociale... Quel homme, raille l'avocate. Qu'est-ce qui s'est passé ?

– Je suis allé à l'École Internationale de Neuilly-sur-Seine, j'ai effectivement constaté le naufrage d'une femme. J'ai aussi vu la détresse des deux gamins, l'absence d'un père et surtout, surtout la malveillance d'une communauté soi-disant bien-pensante, qui aime bien exclure la différence »

Le taxi se rapproche du Meatpacking District, on devine la silhouette de leur hôtel dans l'enfilade d'une rue.

« J'ai pris Betsy et les enfants, je les ai ramenés chez eux. J'ai parlé à la mère, j'ai appelé le père – donc, Jérôme – et surtout j'ai rassuré les deux petits garçons. »

Anne-Sophie le regarde, sceptique.

« Ne me dis pas que, grâce à toi, Betsy a arrêté de boire du jour au lendemain ? »

Le taxi s'arrête, Simon sort une liasse de billets de sa poche.

« Si. C'est ce qu'elle a fait, enchaîne-t-il sans se démonter. Pas du jour au lendemain bien sûr, mais en suivant le programme des alcooliques anonymes. Six mois plus tard, Betsy était *clean*. »

Ils avancent dans le lobby de l'hôtel vers les ascenseurs d'en face.

« Jérôme a emmené tout son petit monde ici, à Manhattan. Il a vendu son agence et vit de ses rentes. Je ne savais même pas qu'il avait un restaurant mais tel que je le connais, s'il en a un, il en a plusieurs.

– Tu ménages tes effets, toi. Allez, qu'est-ce que tu as dit à Betsy pour qu'elle arrive à décrocher ? »

D'un geste galant, Simon s'efface pour laisser passer la jeune femme dans l'ascenseur.

« Je ne lui ai rien dit.

– Arrête, tu me charries.

– Je t'assure que non, jure-t-il. J'ai juste pris une photo de ses deux garçons à la sortie de l'école, de leur petit visage à voir l'état de leur maman. Je lui ai montré, c'est tout. »

Simon ferme les yeux.

« Betsy s'est vue dans le regard de ses enfants. Elle a dû avoir tellement honte et mal pour eux…

– Ça a dû être terrible, admet Anne Sophie.

– Oui. Mais l'électrochoc a été salutaire. Elle s'est tirée d'affaire. »

L'ascenseur s'arrête à leur étage.

« Je comprends mieux pourquoi Jérôme était là pour toi aujourd'hui.

– Aujourd'hui, demain, toujours. J'ai sauvé sa famille, j'ai sauvé sa vie. »

Simon sort la carte électromagnétique de sa poche et l'insère dans la serrure de la chambre.

« Tu n'en fais pas un peu trop, là ? Plaisante Anne-Sophie. »

Il ouvre la porte et se fige.

« Moi, non. C'est Jérôme qui me l'a dit. »

Du menton, il montre la chambre.

« Par contre, eux, si, ils en font un peu trop. »

Anne-Sophie pousse un petit cri. La pièce a été entièrement retournée. Le matelas est par terre, les draps en vrac, les valises à sac. Pas délicats, les visiteurs. Comme Simon, remarque. Un partout, balle au centre.

Même spectacle dans la salle de bains. Les bouteilles éclatées dégagent des vapeurs écœurantes de parfum et de lait de toilette.

Anne-Sophie s'assoit au bord du lit, la tête dans les mains. Toute désemparée, perdue. Fragile.

« Mais qu'est-ce qu'on avait de si intéressant, nous ? »

Simon la rejoint et la serre doucement dans ses bras.

« Une seule chose, à mon avis. La seule trace qui reste de tout ça.

– Le manifeste de vente du courtier suisse, c'est ça ? »

Elle lui serre les mains.

« Tu l'avais pris avec toi ?

– Non, bien sûr que non.

– Alors ils l'ont !

– Non plus. Il est à l'abri. »

Elle respire.

« Où ? Tu l'as caché ?

– Je préfère ne rien te dire : moins tu en sais, mieux c'est pour toi... »

Il embrasse ses cheveux blonds.

« Je suis tellement désolé de t'avoir entraînée là-dedans.

– Ne dis pas de bêtises, chuchote-t-elle. C'est moi qui ai insisté pour t'aider. Tu ne m'as rien demandé. Si c'était à recommencer, je n'hésiterai pas une seconde. Tu es un homme merveilleux. Je peux te dire un secret ? »

Attentif, Simon ne bouge pas. Il devine un peu ce qu'elle va dire.

« Simon, je suis amoureuse de toi, Depuis le premier jour, depuis *Angelina* et la Sorcière. »

Cette manie des femmes à faire des déclarations quand ce n'est pas le moment.

« Tu es mon homme. Je veux faire ma vie à tes côtés. Je le sais, je le sens. Quand on découvre à quoi peut ressembler le bonheur, on n'a qu'une seule envie, le vivre, tout de suite et pour toujours. »

Il reste silencieux, un peu ébranlé quand même par les mots qu'il vient d'entendre.

« Je ne sais pas quoi te dire… » Murmure-t-il.

Il sent nettement le corps de sa blonde se raidir.

« Alors, ne dis rien.

– Laisse-moi finir, enchaîne-t-il tendrement. C'est un peu difficile pour moi d'y voir clair maintenant, de me laisser aller à mes sentiments. J'aimerais régler cette affaire d'abord, tu comprends ? »

Il l'embrasse de nouveau. Au plus profond de son cœur, il fond absolument.

« J'ai besoin de toi, petite fille, mais je veux tirer tout ça au clair. Quand tout sera fini, je te le promets, nous parlerons d'avenir. »

Il se passe un petit moment avant que la jeune femme ait une curieuse réaction.

« *Caramels, bonbons et chocolats,* entonne-t-elle, sur l'air de "paroles paroles" de Dalida, *merci, mais très peu pour moi…* »

Elle s'arrête.

« Les hommes, vous ne savez faire que des promesses.

– Peut-être, rit Simon, mais je tiens les miennes. Et puis, je te rappelle que tu as une thèse internationale de droit à passer. Je t'épouserai peut-être, j'ai bien dit peut-être, si tu y arrives. »

Il pose un baiser sur sa jolie bouche.

« Bon, on a du boulot pour mettre en ordre tout ça, soupire-t-il en embrassant le chantier du regard.

– Tu es sérieux ?

– Évidemment. Je ne tiens pas à informer l'hôtel.

– Quoi ? Tu ne vas pas porter plainte ?

– Non. La réception va appeler la Sécurité, qui va contacter la Police. Or, la dernière chose dont j'ai bien besoin en ce moment, c'est que la police new-yorkaise se mêle de mes affaires. »

Anne-Sophie acquiesce.

« Tu as raison. Je commence par la salle de bains. »

13

Lundi 25 août

Aéroport Charles de Gaulle, terminal 2F

Les yeux lourds de sommeil, Simon franchit la douane et retrouve Anne-Sophie au tapis des bagages. Premier geste, il rallume son téléphone ce qui provoque chez elle un rictus qu'il n'interprète pas comme un sourire.

« Toi et ce portable, c'est une véritable histoire d'amour. Et je me demande bien qui tu peux appeler à… »

Elle regarde sa montre.

« Cinq heures trente du matin…

– Quelqu'un que je dois absolument voir aujourd'hui, explique Simon. La chambre des Huissiers a envoyé une requête contre moi au Procureur. Je ne vais avoir qu'une semaine, peut-être deux si j'ai de la chance, pour préparer un dossier béton.

– Et ?

– J'appelle le seul avocat qui puisse m'aider.

– Il est bon ?

– Oh ! Que oui ! Confirme Simon en appuyant sur chaque mot. En pénal, c'est le meilleur. C'est le seul qui ait fait libérer un détenu d'assise pendant son procès. Ce genre d'exploit n'arrive que tous les cinquante ans. »

Anne-Sophie sourit. Elle craque de voir Simon toujours battant.

« Et pourquoi serait-il au garde-à-vous pour toi à cinq heures et demie du matin ?

– Pardi ! Parce qu'il me doit un paquet d'argent.

– Un dossier compromettant ?

– Pire, une partie de boules qui a mal fini… »

Simon coupe l'échange d'un petit geste.

« Bonjour mon vieux. Maître Larcher à l'appareil... »

Il laisse passer un court instant, peut-être pour que son correspondant soit bien réveillé, et reprend.

« J'ai de sérieux soucis et j'ai besoin d'un coup de main. Il faut que je te vois. Aujourd'hui. »

Simon écoute un moment.

« Non, je ne peux rien t'expliquer au téléphone. Dans un endroit discret. Tu te souviens de notre partie de pétanque ? »

Apparemment, vu le grand sourire sur le visage de l'huissier, le correspondant a bonne mémoire.

« Merci, mon ami. 12 h 30, j'y serai. »

Il raccroche et regarde Anne-Sophie, les yeux brillants.

« Ça, c'est fait. Maintenant, chauffeur. »

Simon marque un autre numéro.

« Frank ! Où es-tu, mon pilote rien qu'à moi ? J'ai besoin de toi à Roissy dans les dix minutes.

– Ça ne va pas être possible, Maître. Je me suis pété la cheville au foot hier matin. Mais je vous envoie mon cousin Jeff. C'est un bon.

– Donne-lui mon numéro espèce de sportif du dimanche, et dis-lui que c'est urgent. »

Simon raccroche, légèrement contrarié.

« Ça ne roule pas comme on veut ? Le taquine Anne-Sophie.

– Un contretemps, tout au plus. »

En effet, le mobile sonne immédiatement.

« Ah, ah, tu vois... Allô ? »

Il enchaîne.

« Au niveau des arrivées internationales. Vous êtes là dans combien de temps ? Quinze minutes ? Parfait tout ça. »

En voyant Jeff sortir de son gros monospace noir, Simon est impressionné par la carrure du bonhomme.

« Eh bien, dans la famille, on ne fabrique pas des mauviettes. »

Jeff sourit et tend une énorme paluche.

« Bonjour, Maître Larcher »

Simon note avec une certaine frayeur que le pouce et l'index de Jeff se rejoignent autour de la main qu'il lui serre.

« Je ne vais pas me fâcher avec vous, je vous le jure.

– Où va-t-on, Maître ?

– D'abord, nous déposons Mademoiselle à son domicile, rue de Passy. »

Anne-Sophie tente de résister.

« Simon, je ne veux pas...

– Je sais, coupe l'interpellé, mais ça m'est égal. J'ai plein de coups de fils à passer avant de voir mon avocat, et je veux trouver l'adresse du domicile de Kherfend. Je t'appelle après, promis. »

Elle ne proteste pas, mais juste parce qu'elle est épuisée. Assommée par le décalage horaire, elle s'endort sur son épaule.

Domicile de Valery Kherfend, Place Saint-Sulpice, Paris

L'église Saint-Sulpice sonne huit heures. La place à l'austérité XVIIe est déjà bien animée. De la rue des Canettes émergent encore quelques noctambules, les yeux rouges d'alcool et de fête. Ils croisent les premiers travailleurs qui vont d'un pas mécanique vers la rue du Four et le Boulevard Saint Germain.

La voiture freine doucement devant l'arrêt de bus. La porte d'entrée du 10 est coincée entre une agence de voyages et une boutique de souvenirs. Simon paie Jeff, qui le hèle au moment où il claque la porte.

« Maître, vous ne voulez pas que je vous attende ? »

Simon arrête son mouvement. La sortie spectaculaire de Lafayette Street lui revient à l'esprit. Un repli en cas de pépin, ce n'est pas idiot.

« Ok, Jeff, attendez-moi ici. Sans couper le moteur, d'accord ?

– Très bien, Maître. »

Évidemment, l'accès est protégé par un digicode. Simon extirpe son trousseau de clefs, en choisit une qu'il enfonce au-dessus du pavé numérique. Tout bon huissier a un passe de facteur. La porte s'ouvre sur une petite cour rectangulaire.

L'immeuble a cinq étages. Simon sait que l'appartement privé de Valery Kherfend est au deuxième. Il prend à pied l'escalier principal qui sent l'encaustique.

Au deuxième, il n'y a qu'une seule porte, et un petit bristol sous la sonnette. VK. On y est.

Simon sonne. Il attend quelques secondes avant d'entendre un bruit de pas. Il fronce le sourcil. Valery Kherfend est très mince et long. Les pas qui se rapprochent sont lourds.

À chaque fois, j'étais attendu, calcule Simon au quart de tour. Son instinct lui hurle de courir. Il pense aux cogneurs de Genève et au visage éclaté de Michel Bachion. Trop tard. Au moment où il tourne les talons, il se sent happé par le col de sa veste et projeté avec une force incroyable à l'intérieur de l'appartement. Soulevé comme s'il ne pesait rien.

Il se relève et reconnait l'un des deux types de chez Bachion verrouiller la porte. Coincé là avec un professionnel de la démolition corporelle. Peu de chances d'en sortir indemne. Surtout que son pote ne doit pas être loin.

« Bonjour, Maître, merci d'être venu. », souffle en effet une voix dans son dos.

Simon n'a pas le temps de répondre à la politesse. Il devine derrière lui une prise d'élan, et entend la matraque lui exploser le crâne. Douleur atroce, vision d'étoiles, Il s'effondre.

Vu l'enfer qui chante dans sa tête quand il rouvre les yeux – impossible de dire combien de temps après, il se dit qu'il était mieux évanoui. Il a tellement mal qu'il n'ose pas bouger. Il essaie quand même, cherche à se lever. Impossible de lever même le petit doigt : on l'a attaché. Le front bas, il regarde autour de lui. Il est solidement scotché à un fauteuil dont il devine les contours de velours rouge. Louis XV, probablement... Mon Dieu, qu'est-ce qu'il a mal...

« Abgar, dit quelqu'un derrière lui. Réveil.

– Pas trop tôt, grogne l'autre. »

Simon sent qu'on lui relève brutalement la tête. Il serre les dents.

« Bien dormi ? Plaisante le dénommé Abgar. C'est qu'il s'est fait plaisir Vosdan... Il est un peu rancunier en fait, je vous dirais. À Genève, vous vous souvenez de Genève, hein ? La petite caisse que vous lui avez envoyée à la gueule. Ça lui a brisé la mâchoire. Déjà qu'il ne parlait pas beaucoup... »

Abgar force Simon à regarder.

« Maître, j'ai une très bonne nouvelle pour vous. La balle est dans votre camp. »

Il poursuit sur le même ton.

« Il ne tient qu'à vous que vous sortiez plus ou moins bien de cette petite conversation. Je vais vous poser une seule question. Une seule, insiste-t-il en levant le doigt. Si vous répondez bien, Vosdan ne vous fera pas trop mal. Mais si vous répondez mal, ou si vous ne répondez pas du tout... »

Simon ferme les yeux. C'est un cauchemar, il va se réveiller.

« Je vous garantis que ça ne vous fera pas du bien. Malgré sa mâchoire défoncée Vosdan à l'ouïe aussi fine qu'un violoniste. Il aime jouer sa partition sur le craquement des os ».

Simon laisse tomber sa tête sur sa poitrine. Dans cette position, il sent moins la douleur. Peine perdue. Abgar lui tire les cheveux sans ménagement.

« Maître, quand vous êtes venu à Genève, vous avez emprunté un document confidentiel qui ne vous appartenait pas. Vous voyez de quoi je parle ?

– Portez plainte, ne peut s'empêcher de souffler Simon.

– Très drôle... Tu as entendu celle-là, Vosdan ? »

Abgar arrête de ricaner.

« Regardez-moi, Maître. »

Il tire ses cheveux encore plus fort et le force à ouvrir les yeux.

« Où est le manifeste de Lafayette ? »

Voilà. C'est l'heure du grand dilemme pense confusément Simon. Si je ne réponds pas, il me joue sa partition. Si je lui dis là où je l'ai abritée, il me joue sa partition. Je suis mal barré.

Comme s'il devinait ses pensées, Abgar lui murmure à l'oreille, presque tendrement.

« Pour vous aider à prendre votre décision, je vais juste vous parler un peu plus de Vosdan. Il dort avec sa batte de base-ball. Elle ne le quitte jamais. Si je lui dis, Vosdan, casse la jambe du Maître, il le fait dans la seconde. »

Il se rapproche encore de l'oreille de Simon, presque à la toucher.

« Et moi, je n'aime pas qu'on fasse du mal à mes amis. Je pense que vous serez d'accord avec moi. Vous avez fait très mal à Vosdan. Ses grands discours me manquent. Alors histoire d'être quittes, on va déjà commencer par votre bras. J'aurais préféré votre mâchoire aussi, pour être *fair-play*, mais vous avez encore des petites choses à me dire. »

Dans une langue inconnue, Abgar donne ce que Simon pensa être un ordre. Vosdan se lève silencieusement. Abgar n'a pas menti : il a une belle batte à la main droite.

Je délire, pense Simon. C'est une blague. Ce con ne va pas me péter le bras.

Abgar s'écarte pour laisser passer son collègue. Vosdan s'avance lentement, en tapotant sur sa batte. Il ne peut pas sourire, parce qu'effectivement, le bas de son visage est salement tuméfié. Mais ses yeux disent l'essentiel : il est très satisfait de ce qui se prépare.

« Nous reprendrons cette gentille conversation après, Maître, déclare Abgar. »

Simon aimerait bien lui dire que s'il vous plaît, au moins le gauche, pas le droit, qu'il puisse continuer à écrire, à travailler. Il est tétanisé, terrorisé, tente de se calmer en se disant qu'un bras ce n'est pas la mort, que ça va juste faire horriblement mal mais qu'il sera toujours là pour le sentir.

Il relève la tête, prêt à affronter la cruauté de ce qui va suivre. Il voit Vosdan se mettre en place, levant doucement la batte à hauteur de son épaule droite, la mine sadique et concentrée. Abgar fait un pas de côté pour lui laisser son aise. Et Simon aperçoit au fond d'autres silhouettes noires, sans visage, silencieuses. Ah. Plus on est de fous, plus je vais trinquer.

« Vosdan ! Hurle Abgar. Derrière toi ! »

Au ralenti parce que la douleur lui vrille les tempes, Simon voit les nouveaux arrivants se jeter sur les deux hommes.

Dans un enchaînement précis de coups et d'esquives à la Ninja, ils maîtrisent rapidement les cogneurs. Simon hallucine, il n'a rien suivi : les deux brutes sont menottées par terre.

L'un des ninjas s'approche de lui. Masqué, mais cette silhouette…

« Jeff ! Souffle Simon. Je vous engage… »

De fait, cousin Jeff, qui vient d'enlever sa cagoule, entreprend de défaire ses liens.

« Ça va, Maître ?

– Mieux maintenant… »

Jeff examine le crâne de l'huissier et siffle.

« Jolie bosse… Un peu de glace, et demain, ça ira mieux. »

Il aide Simon à se relever doucement.

« Jeff, dites-moi, chauffeur de taxi, c'est un hobby n'est-ce pas ? demande-t-il.

– Capitaine Jean-François Vaillant, sourit Jeff. Le patron va tout vous expliquer. »

Un autre gars en noir s'avance vers lui en même temps qu'il découvre son visage.

« Maintenant, tu sauras ce que fait la police.

– Ni… Nicolas ? » Bégaie l'huissier, désarçonné.

Le jules de Caro. Là, souriant, devant lui.

« Et si je ne m'abuse, je viens de te sauver les miches. Rien que pour ça, je ne veux plus jamais entendre une de tes vannes à deux balles. »

Place Saint-Sulpice, Paris

Simon prend le gobelet. Il renifle l'odeur fade du comprimé effervescent.

« Bois ça, lui conseille Nicolas, ça va te remettre d'aplomb. »

Ils sont assis dans le monospace noir de Jeff.

« Je me disais qu'elle avait pas une tête de taxi, ta caisse… »

Un petit silence et Simon enchaîne.

« Nicolas, j'ai jamais été aussi content de te voir. J'aurais jamais cru pouvoir te dire ça, mais merci, merci... »

Nicolas a un geste vague.

« Oh, laisse tomber... C'est Caroline que tu dois remercier. Quand tu es passé la voir la dernière fois, tu l'as inquiétée tu n'as pas idée. Elle m'a tout raconté tout de suite. Je lui ai fait répéter l'histoire au moins trois fois.

– Pourquoi ?

– Parce qu'il se trouve que toi et moi, chacun à notre façon, nous sommes sur la même affaire. »

Simon ne bouge pas. L'avantage d'être complètement sonné, c'est que plus rien ne vous étonne.

« Écoute Simon. Je ne suis pas vraiment flic. Je dis ça à Caroline, et à tout le monde, pour éviter les questions. J'appartiens au DCRI.

– Les services secrets. ?! »

Nicolas acquiesce.

« Direction Centrale du Renseignement Intérieur, dit-il posément. Ne t'avise jamais de répéter ça, ni à Caro, ni à tes filles, sinon le GAO s'occupera personnellement de ton cas.

– Le GAO ? »

Jeff tousse.

« Groupement d'Appui Opérationnel, intervient-il. Vous venez d'avoir une petite démonstration sous mon humble commandement. »

Nicolas poursuit.

« Il y a deux ans, on a été tuyauté sur un gigantesque trafic de parfumerie de luxe. Un mélange de cavalerie comptable et de contrefaçons, qui partait de Paris et finissait en Corée. Pour te résumer simplement, le parfum, c'est presque aussi juteux que la drogue, mais beaucoup moins risqué. »

Simon fait la grimace en terminant sa potion. Ce n'est pas bon, et en plus il a toujours aussi mal à la tête.

« En France, tout le monde est mouillé : les détaillants, les grossistes et aussi, ça, c'est plus grave, les fabricants. Nous avons enquêté pendant deux ans et patiemment reconstitué la toile d'araignée. Diaboliquement complexe. »

Dehors, sur le trottoir, les hommes de Jeff embarquent Abgar et son pote.

« Mais de cet écheveau est sorti un nom : NSM, *Nassau Security Management*. Une banque basée aux Bahamas, avec des actionnaires coréens et russes. Nos amis américains de la NSA sont aussi sur le coup.

– Les super agents de la NSA ? Ce sont tes collègues de boulot ? Tu ne te refuses rien…

– La machinerie est parfaite, poursuit Nicolas. L'argent part de France, transite aux Bahamas, continue en Corée et revient aux États-Unis. Les sommes sont considérables, plusieurs milliards d'euros, Simon. On joue au niveau mondial. »

Simon sent sa migraine fondre un peu.

« Mais quel rapport avec moi et les Kherfend ?

– J'y arrive, répond l'officier calmement. Il y a deux mois, on observe une nouveauté sur le réseau : un petit circuit financier indépendant apparaît, en dérivation. Il se greffe sur la filiale de la NSM à Nassau, elle-même actionnaire à 12 % d'une société spécialisée dans le jeu d'argent sur Internet basée à Dover, la PMU, *Poker Management United* »

Dover. C'est Jérôme qui lui a parlé de ça. Simon claque des doigts.

« Dover, Delaware ! Lance-t-il à Nicolas.

– Exactement. Nous l'avons pisté à Londres sous le nom de *Western Company Limited*, elle-même actionnaire de *Lafayette Kapital* qui détient 100 % de…

– *British Management*… » Comprend Simon, qui se prend comme une grosse claque la dimension de l'affaire.

Le complot est gigantesque. Il n'y serait jamais arrivé tout seul. Il est complètement abasourdi, mais à la fois infiniment soulagé d'être sous l'aile des services secrets. Il n'est plus en première ligne, il n'a plus à clamer son innocence à des sourds. Ailleurs, plus haut, d'autres savent, cherchent, travaillent. Il se sent d'un coup léger, léger, pour la première fois depuis des jours. Il prend une grande inspiration.

Nicolas lui tend une flasque de whisky.

« Vas-y, c'est meilleur que l'aspirine. »

Simon savoure la descente brûlante, presque guerrière, de l'alcool dans la gorge.

« Jeudi dernier, il y a quatre jours donc, tu débarques à la maison et tu racontes tout à Caroline. Tes millions de dollars, les œuvres de Cocteau... Tu étais à peine parti qu'elle me téléphonait sur le numéro d'urgence. Le numéro d'urgence, tu sais ce que c'est ? »

Simon secoue négativement de la tête.

« C'est le numéro qu'ont nos conjoints pour nous joindre immédiatement si c'est une question de vie ou de mort. Instinctivement, Caroline a compris que tu étais mal barré. Franchement, au début, j'ai pensé refiler le dossier à la BRI...

– ... Jusqu'à ce qu'elle te parle de la *British Management*.

– Exactement, acquiesce Nicolas. J'ai compris que ça dépassait la brigade de recherche et d'intervention. En quatre jours j'ai mobilisé mes équipes, 35 agents, si tu veux savoir, pour te surveiller et te protéger. J'ai placé trois collègues en permanence devant ta maison à Sainte-Maxime.

– Et ? Le coupe Simon anxieux.

– Disons que tes filles aiment recevoir quand tu n'es pas là, taquine l'agent. »

Il marque une pause et reprend, plus grave :

« Nous avons remonté toute la piste de la *Collection Transparente*. Et retrouvé ton ami Antoine. »

Nicolas se tait. Simon ouvre la bouche, réalisant ce qu'il est en train de lui faire comprendre.

« Les photos... C'était toi ? C'est toi qui as déposé l'enveloppe ? Pourquoi ? Pourquoi comme ça ?

– Pour que tu saches la vérité. Et pour que tu fasses très attention. Il fallait que tu comprennes que c'était du très lourd. Mais nous ne pouvions pas nous manifester à toi directement. Il fallait que tu suives ta piste pour que les choses suivent leur cours. Et si tu avais su qu'on était là, tes copains auraient pu s'en rendre compte aussi. C'est un risque qu'on ne peut pas prendre à ce niveau. Tu comprends ? »

Simon ne dit rien. Il comprend bien sûr, qu'il était la chèvre, mais il est dégoûté. Dégoûté, meurtri d'avoir eu à subir tout ça.

« Je suis désolé mon vieux, c'était un peu brutal. »

L'huissier secoue la tête. Il pense aux bonnes blagues du corse, à sa femme.

« Où l'avez-vous trouvé ?

– Entre deux voitures près du mouillage du paquebot sur lequel il était en croisière, à la première escale. La police grecque a lancé sa photo sur Interpol. Voilà. »

Nicolas se lève.

« Il reste énormément de points à éclaircir, avoue-t-il. Les dégagements de ton affaire nous ont ouvert plein de nouvelles portes. Maintenant, il faut aller vite. On enquête.

– Mais que fait la police ? Arrive tout de même à railler Simon pour chasser l'abattement qui l'écrase au siège, adressant un timide clin d'œil à Nicolas…

– Elle te file le train depuis quatre jours. Tu pars à New York, on a demandé à nos petits copains de la NSA de te surveiller. Ils l'ont fait, tu n'as rien vu. Jérôme les a remarqués, mais un peu tard… »

Simon se redresse d'un coup.

« Tu connais Jérôme Ouvrier ? S'exclame-t-il.

– La star des agents, l'agent des stars, rétorque Nicolas sur un ton gentiment moqueur. La CIA l'avait surnommé Model Man. Créer une agence de mannequins pour passer les frontières le plus tranquillement du monde, c'est devenu un classique au cours d'espionnage 1re année !

– J'y suis ! »

En s'écroulant dans l'arrière-salle de l'Orange Bleue, Jérôme avait dit quelque chose en latin. Simon se concentre quelques secondes. Sa mémoire ne lui fait jamais défaut, ou presque.

« À New York, sur Lafayette Street, c'est la NSA qui a arrêté nos poursuivants. Nous étions tellement occupés à fuir que nous n'avons rien vu. Jérôme a deviné plus tard. *Ad augusta per angusta.*

– A *des résultats grandioses par des voies étroites*, traduit Nicolas. Une des devises de la DGSE, l'ancienne maison de Jérôme. Incroyable que ce soit un de tes amis. Il ne fait confiance à personne.

– Sauf peut-être si tu lui offres un miracle... objecta Simon en pensant à Betsy et au regard perdu de ses petits.

– Bon, on y va. Que comptes-tu faire ? »

Simon bouge sa tête de gauche à droite et de haut en bas, faisant craquer quelques vertèbres.

« Cette question ! Il faut retrouver Valery Kherfend, non ? Savoir pourquoi il a fait ça ! Et pourquoi Antoine est mort, Et pourquoi lui et moi avons été mêlés à cette histoire...

– Continue ta petite enquête, Sherlock Holmes, lance amicalement Nicolas en lui tapant l'épaule. Nous, on continue la nôtre. Mais tu serais bien fichu de trouver avant nous... Fais attention à toi, je n'aurais pas toujours vingt types à disposition pour te surveiller. Sinon, tu as besoin de quelque chose ? »

Simon va répondre non, mais se ravise, attrapant le compagnon de Caroline par la manche.

« Oui, il y a un petit détail... »

Bistrot d'Eustache, rue Berger, Paris

La rue Berger est en face de la Bourse du Commerce des Halles, le long des jardins publics. Autrefois animée par les forts des halles, géants aux joues rouges comme leur viande, et les bandes de gamins qui organisaient des chasses aux rats, elle est maintenant aussi animée mais par une autre faune, attirée par les restaurants pour touristes, les lieux pseudo-branchés, et tout le commerce interlope qu'on y trouve. Les anciens zincs où les bouchers venaient manger, comme le Pied de Cochon, de l'autre côté des Jardins, sont devenus le quartier des bobos qui peuplent désormais Montorgueil.

Le Bistrot d'Eustache est un authentique zinc des années 1960. D'anciennes banquettes de métro font office de sièges, et au premier étage, il y a encore le billard où Coluche jouait quand les Halles étaient son repaire.

Ce qui a rendu célèbre le *Bistrot d'Eustache* dans les années 1990, ce sont ses parties de boules organisées la nuit. Simon – et Caroline, qui adorait suivre son mari pour de telles occasions – y venait régulièrement. Chaque joueur avait ses boules soigneusement réservées dans un casier à son nom, fermé à clef dans un joli meuble placé au beau milieu du bistrot.

Simon entre d'un pas joyeux dans la petite salle, même si sa tête le lance encore de façon douloureuse. Derrière le comptoir, un petit rondouillard affichant la cinquantaine, le reconnaît avec un large sourire.

« Eh bien, si je m'attendais à ça ! Simon ! Au moins… Combien ? Huit ans ? Dix ans ?

– Il faut toujours que tu exagères. Cinq ans.

– C'est tout de même beaucoup, Monsieur l'huissier des stars ! Comment vas-tu ?

– Très bien, tu vois. Et toi, vieille canaille ?

– Ça va, ça vient… Tu sais ce que c'est. Tu bois un coup ?

– On va se gêner. »

Patrick – le nom du patron – et Simon devisent gaiement jusqu'à l'arrivée d'un homme plus petit que le tenancier, c'est peu dire, et encore plus rond. Son visage éclairé de grands yeux sombres, une bouche qui semble sourire éternellement, des dents rendues plus blanches par une peau cuivrée d'indien métissé, révèle son origine mauricienne. Simon le reconnaît et l'étreint chaleureusement.

« Maître Jim Rangoolati ! Le meilleur avocat pénal de Paris !

– Tu es trop aimable, sourit l'interpellé.

– Non, non pas du tout, je sais ce que je dis. Regarde-toi, habillé comme un prince. C'est cousu sur toi, ça… »

Le costume bleu marine tombe tellement bien qu'il en fait oublier ses rondeurs. On voit la qualité du tissu à l'éclat de la teinte.

« Un costume comme ça, taquine Patrick, ça suffit à payer le déficit de la Sécurité Sociale…

– Si elle est en déficit, rétorque Rangoolati, c'est parce qu'elle soigne trop d'imbéciles dans ton genre. Dois-je te rappeler que si tu n'es pas en prison, c'est grâce à moi ? »

Simon se frappe le front.

« Le coup de boule !

– Le coup de boule ! » Répète l'avocat mauricien en éclatant de rire.

Patrick sert un troisième verre de vin blanc.

« Dites, Pipo et Mario, vous n'allez pas me ressortir cette histoire toute ma vie, non ? Je vous rappelle que le type était un escroc...

– Oui, mais quel escroc, quelle classe ! Commente Simon.

– Oh que oui... Tu te souviens, ce soir d'été où le bonhomme est arrivé, se présentant comme le fils de Christo, le célèbre artiste ?

– D'accord, d'accord, c'est ma fête... Commente Patrick, aigre-doux. Buvez-moi plutôt ce petit verre de Sancerre...

– Dis donc, tu ne vas pas t'en sortir comme ça, lance Rangoolati. Le type mange tranquillement, tu l'abordes et vous parlez. Vous sympathisez. Vous voilà même les meilleurs amis du monde. »

Simon avale une gorgée de blanc et sourit. Il connaît bien l'histoire qui, en son temps, a fait jaser tout le quartier. L'avocat lève la voix, pour être sûr que tout le bistrot profite de l'anecdote.

« Et l'homme nous invite à sa table. Qu'est-ce que tu bois, me demande-t-il. Veux-tu manger quelque chose ? Il invite tout le monde à boire et à manger. Des jolies filles arrivent. Mon Patrick présente les plus jolies au Christo junior. Le garçon est ravi. »

À cette époque, Christo avait fait parler de lui à Paris car il avait recouvert tout le Pont-Neuf d'une toile blanche, transformant le célèbre monument en œuvre insolite et éphémère pendant deux semaines.

« Notre nouvel ami commande des tournées, continue Rangoolati presque en position de plaidoirie, les filles gloussent. Il est deux ou trois heures du matin. Le garçon nous dit qu'il a aidé son papa à travailler sur l'œuvre du Pont-Neuf. Il a transporté des milliers de rouleaux de polyester dans le coffre de sa voiture. Nous sommes tous très impressionnés, nous frôlons l'absolu du land art. »

Simon remarque que la salle entière s'est tue pour écouter l'histoire. L'avocat capte toute l'attention comme il sait captiver un jury. Il est le meilleur de sa spécialité, non seulement parce qu'il travaille ses dossiers à fond mais aussi parce qu'il les dramatise avec cette touche que très peu d'avocats ont. Celle du génie shakespearien.

« Alors, une jeune fille brune et éméchée – mais jolie puisque je devais faire plus ample connaissance avec elle plus tard dans la nuit – demande à l'homme : Vous avez transporté dans votre coffre la toile qui a sacralisé le Pont Neuf ?

– Oui, répond notre nouvel ami. Dans mon coffre. Et là, il rajoute la phrase qui tue : il m'en reste. »

L'avocat avale rapidement un peu de vin blanc.

« Nous réalisons l'incroyable, l'art est à portée de nous. Cette jeune fille murmure alors : Il est possible d'en avoir un peu ? La réponse de Christo Junior est immédiate. Bien sûr, mais il ne faudra jamais le dire, son père ne serait pas d'accord. Il nous en propose à tous, même à Patrick, son nouvel ami. Évidemment, nous acceptons. Notre camarade sort d'ici. Et s'en va. Nous ne le reverrons jamais, Mesdames et Messieurs. Il disparaît, laissant derrière lui une addition d'un montant de huit mille francs de l'époque. Une heure après, notre ami Patrick, ici présent, a compris qu'il s'était fait rouler en beauté. Sous vos applaudissements... »

La salle, séduite par l'histoire et le charme de l'orateur, applaudit l'infortuné Patrick. Ce dernier rougit.

« Mais l'histoire ne s'arrête pas là. Par le plus grand des hasards, Patrick retrouve notre escroc dans une boîte de nuit homosexuelle dans le quartier de l'Opéra. Il va le voir et essaye de l'emmener avec lui. Mais le bonhomme ne se laisse pas faire. Il frappe notre ami d'un crochet du gauche. Alors, Patrick n'a plus le choix. Il sort son arme secrète, l'ultime, la dévastatrice : son célèbre coup de boule. »

Rangalooti voûte ses épaules, aborde une mine contrariée. La comédie a viré au drame, il entraîne son audience avec lui.

« Un gay mis k.-o par un hétéro dans une boîte homo, que voulez-vous qu'il se passe ? Dit-il doucement. Tous les gens présents ont attesté – sur l'honneur – que notre Patrick avait frappé sans prévenir. Plainte déposée, menace de fermeture administrative. Notre homme était perdu, Mesdames et Messieurs. Il lui fallait un miracle. »

Simon sourit à l'attention du patron qui regarde, goguenard, l'avocat raconter l'histoire. Les deux hommes savent très bien où il veut en venir.

« Ce miracle eut lieu. Je fus l'avocat de mon ami Patrick. Je prouvais non seulement que l'homme avait lancé le premier coup, mais aussi – et surtout – qu'il était un habitué des escroqueries comme celle à laquelle nous avions eu la malchance d'assister. Voilà, Mesdames et Messieurs, l'histoire du coup de boule ! Moralité : addition pas payée, tête bien cognée ! »

Tout le monde éclate de rire et applaudit à tout rompre. Jim Rangoolati salue, jouant les faux modestes.

Quand l'ambiance se calme, les trois amis trinquèrent au bon vieux temps, aux nuits blanches de pétanque et aux copains qu'on ne voit plus. Patrick leur propose une petite table au bord du comptoir.

« La table des amis, précise-t-il en se courbant. Pour vos seigneuries, uniquement. »

L'huissier et l'avocat s'installent sur les banquettes de cuir, certaines encore marquées de l'estampille RATP, et consultent la carte.

« Le steak au poivre est toujours le meilleur de Paris ? Interroge Simon à voix haute.

– Toujours, rétorque le patron. Même recette depuis vingt-six ans, gardée secrète et cachée dans la maison de mes parents. »

Simon interroge Rangalooti du regard qui hoche de la tête en guise de réponse.

« Tu nous en mettras deux. Mets une carafe de bon vin et nous serons des hommes heureux.

– N'oublie pas de rajouter du foin pour nos chevaux, renchérit l'avocat. Et deux belles filles, on ne sait jamais.

– Je vais voir ce que je peux faire. »

Les deux copains se sourient, heureux de retrouver ensemble un morceau de leur jeunesse. L'avocat croise les mains.

« Que se passe-t-il, mon ami ? En quoi puis-je t'aider ?

– J'ai des soucis importants, explique Simon, soudainement grave. Je ne sais encore ni comment, ni pourquoi, ni qui, mais on m'en veut. »

Il raconte toute l'aventure à son avocat, heureux d'y ajouter cette fois le chapitre de l'intervention des services secrets et la légitimité qu'il confère à son innocence. Pendant un long moment, assez long pour qu'ils avalent le steak poivre, une assiette de fromages et une délicieuse tarte au citron, Simon revient sur chaque détail. Un docteur et un avocat ont ceci de commun : on ne leur cache rien. Quand il termine, Jim Rangoolati fronce le nez.

« Tu devrais l'écrire et en faire un film.

– Venu de toi, c'est un compliment. »

L'avocat se penche vers Simon.

« Dans l'immédiat, je ne peux que ralentir la requête de mise sous administration de ton étude. Ensuite, il faudra répondre point par point. Ça va être long, j'en ai peur. »

Le portable de Simon vibre. Il s'excuse et décroche.

« Maître Larcher… Comment avez-vous fait ? »

Au bout du fil, Bérouard, le président de la Chambre, est extrêmement agité.

« C'est-à-dire ?

– Je viens d'avoir la Chancellerie, raconte Bérouard nerveux. J'ai reçu des instructions très précises à votre sujet.

– Intéressant, raille Simon, et que vous a demandé Monsieur le garde des Sceaux ? »

Un moment passe, Simon le savoure.

« Vous êtes intouchable, chuchote l'autre, abattu. Ordre de laisser tomber toutes les charges retenues contre vous. Il semblerait que vous ne soyez pour rien dans cette ténébreuse affaire…

– Plaît-il ?

– Pardonnez-moi, il ne semble pas : vous êtes innocent. Les enquêteurs ont d'autres soupçons.

– Donc, plus de requête ?

– Plus de requête.

– La prochaine fois, Président, vous respecterez la Constitution Française qui est, dois-je vous le rappeler, la base de notre droit.

– C'est-à-dire ?

– Ça s'appelle la présomption d'innocence. Bonne journée, Président. »

Simon raccroche, ferme. Rangoolati sourit de toutes ses dents.

« J'ai l'impression que je ne travaille plus pour toi.

– C'est effectivement le cas.

– Un miracle ?

– Si on veut. »

La silhouette de Nicolas en tenue de Ninja passe dans son esprit. Simon savait que seule une intervention très haut placée pouvait stopper l'engrenage administratif qui menaçait son étude et sa réputation. C'est ce qu'il a demandé à Nicolas avant de descendre du monospace : quelques coups de fil en bonne place pour le blanchir. Ce n'était pas gagné, mais voilà, c'est fait. En trois heures, à peine.

« Tu viens de te faire un nouveau meilleur ennemi, non ? S'inquiète l'avocat, en imaginant le patron des huissiers déconfit.

– Je m'en moque, si tu savais ! L'histoire va se savoir, il va traîner ça comme un boulet. Aux prochaines élections de la chambre, il va être viré. Cependant…

– Cependant ?

– Je me trompe peut-être mais au début de cette histoire, Bérouard n'était pas braqué contre moi à ce point.

– Il s'est peut-être enflammé… »

Rangoolati propose un toast.

« Quoi qu'il en soit… À cette bonne nouvelle ! »

Ils trinquent. Simon appelle Patrick.

« Ton meilleur champagne, je te prie ! »

L'avocat reprend la parole.

« Comment s'appelle l'avocat de la partie adverse ?

– Didier Cluny.

– Tiens donc, la star de chez Walter et Jackson's. On le surnomme le Roquet, J'ai son portable, amusons-nous un peu. »

Il lance l'appel et attend quelques instants. En voyant son ami se redresser, Simon comprend que Cluny a décroché.

« Maître Cluny, bonjour, comment allez-vous ? Très bien, je vous remercie. »

Il écoute quelques instants avant d'interrompre son correspondant.

« J'ai bien peur que nous ne devions adopter un ton plus formel. Voyez-vous, cher confrère, je suis l'avocat de Maître Simon Larcher. »

Les lèvres de Rangoolati dessinent un sourire carnassier.

« Je tenais à vous informer que la Chambre Nationale des Huissiers ne donnera pas suite à votre requête de mise sous administration de l'étude de mon client. Encore moins le procureur. »

L'avocat écoute et reprend la parole.

« Faites comme bon vous semblera, mon cher confrère. Maintenant, si j'ai un conseil à vous donner, c'est de concentrer vos efforts sur votre client, Monsieur Valery Kherfend. Il pourrait avoir besoin de vos services très rapidement. Très confidentiellement bien sûr sous la foi du Palais. »

Simon sourit à son tour. « Foi du Palais », ça signifie que tout le monde en parle au Palais, discrètement, dans les vénérables couloirs. Une rumeur en politique, un délit d'initié en bourse.

« Voilà, cher confrère, je vous souhaite un excellent après-midi. »

Rangoolati raccroche, et se frotte les mains. Il jubile.

« Ça fait du bien, si tu savais… Envoyer poliment bouler le Roquet. Il va falloir que j'écrive ça dans mon blog. »

L'avocat savoure ce moment de joie et enchaîne.

« Et toi, comment vas-tu fêter ça ?

– Je ne sais pas encore.

– Allez, tu n'as pas une petite copine ? Une star comme toi… »

Simon sourit et hausse les épaules. Après tout, il peut bien évoquer le sujet Miss Monde, même de loin, en restant discret.

« Je vois quelqu'un, avoue-t-il. »

L'avocat sourit, montrant ses dents blanches à qui voulait les voir.

« Ah, j'en étais sûr ! C'est qui ? Une chanteuse ? Un mannequin ? Non, non, je sais, ne dis rien. C'est l'ex du type qui présentait l'émission...

– C'est une avocate, l'interrompt Simon. Elle prépare sa thèse. »

Rangoolati s'immobilise, entre stupéfaction et sincère déception. Il ne comprend pas.

« T'es range des voitures... Tu fais dans le social maintenant ? On s'emmerde avec une avocate ! Elles ont toutes la grosse tête et sont persuadées d'être intelligentes !

– Celle-ci m'a aidé à chaque instant, sans rien me demander.

– Évidemment, vu sous cet angle. »

Le patron du Bistrot d'Eustache apporte une bouteille de Moët et Chandon dans un seau à glace.

« Trois coupes ? Note Simon.

– Tu ne crois tout de même pas que je vais ouvrir cette bonne bouteille sans trinquer avec toi, non ? Et puis après le petit numéro de tout à l'heure, je crois l'avoir bien mérité ! »

Patrick de retour à son bar, Rangoolati revient à la charge.

« Allez, parle-moi d'elle. Comment s'appelle-t-elle ?

– Pour que tu fasses une enquête ? Non merci.

– Bon, se résigne le Mauricien. Quelle thèse prépare-t-elle ?

– La fiducie chez les employés. »

Rangoolati arrondit l'œil.

« C'est fou ce que ça a l'air excitant. Vas-y, raconte... »

Pied à terre de Simon, rue Laborde, Paris

Dès qu'il ouvre la porte de chez lui, Simon sent l'odeur du parfum de Miss Monde flotter dans le couloir.

« Il y a quelqu'un ?

– Je suis dans la salle de bains, lance Anne-Sophie dans le lointain. »

Il entre, ferme soigneusement la porte et retrouve la jeune femme qui finit de se maquiller devant la glace.

« Simon chéri, sourit-elle, enfin. Ça va ?

– Mieux serait insupportable, voire indécent. J'ai été blanchi. »

Le bâton de khôl ralentit sa course avant de s'arrêter au milieu de l'œil gauche. Elle reste immobile plusieurs secondes.

« C'est vrai ?

– Tout ce qu'il y a de plus vrai, mon petit cœur. »

Elle se jette dans ses bras et le serre très fort.

« Incroyable ! C'est vraiment fini ?

– Mais oui !

– Comment as-tu fait ?

– Disons que j'avais quelques alliés insoupçonnés, explique Simon. »

Elle ne le lâche pas.

« Nous devons fêter ça ! On va dans un beau restaurant ? »

Elle s'arrête, change d'avis.

« Non, partons plutôt, trois jours quelque part. Une ville très romantique, très belle où nous serions très seuls. On l'a bien mérité, non ?

– Magnifique idée, concède, Simon, visiblement très tenté. Tu voudrais aller où ?

– Je ne sais pas... Voyons, Venise, non, surfait, il y a trop de monde ! Florence, c'est pas mal... Oh, je sais ! Prague ! »

Il la regarde, l'œil attendri.

« Va pour Prague ! Mais d'abord, j'ai envie de faire deux choses...

– J'adore tes envies mon cœur. La première ?

– Très envie de t'embrasser... » Murmure-t-il doucement.

Anne-Sophie détache son buste de celui de Simon, prend son visage dans ses deux paumes, approche le sien. Elle lui donne un baiser passionné, sensuel et très long. Simon la repousse tendrement.

« Doucement, jeune fille, vous allez m'étouffer...

– Pauvre chéri, répond-elle un tout petit peu taquine. Et la deuxième chose ? »

Simon se dégage de la délicieuse étreinte, s'éloigne pour regarder la jeune femme, son sourire lumineux, ses yeux bleus éclatant de joie. Il recule d'un pas, la contemple encore.

« Alors ? » insiste Miss Monde impatiente.

Le sourire de Simon s'efface soudainement et sans qu'elle ait le temps de réagir, il la gifle sèchement, une fois sur chaque joue.

Anne-Sophie reste plantée en face de lui, complètement hébétée.

Simon n'a jamais frappé une femme. Encore moins de façon aussi délibérée. Mais là, c'est vraiment trop.

Parle-moi d'elle, lui a demandé Rangoolati chez Eustache. C'est quoi cette thèse ? Simon lui a expliqué.

« Elle prépare une thèse sur un système d'économie parallèle aux États-Unis qui se développe, je te dis ça de mémoire, au Mexique. »

Rangoolati est devenu très attentif.

« Comme c'est la crise, il y a beaucoup de petits boulots. Payés en marchandises, souvent à l'avantage des patrons. Voilà la thèse de ma chère et tendre. Ça te va ? Ta curiosité est satisfaite ? »

L'avocat est resté immobile et a arrêté de sourire.

« Tu as vu la vierge ? » Lui a demandé Simon.

« Au Mexique, ce système s'appelle Tienda de Raya...

– Si tu le dis...

– Aux États-Unis, c'est le Truck System, rapidement surnommé le Tommy Shop.

– C'est exactement ça ! Tu es trop fort, tu connais tout ! A applaudi Simon.

– Cette thèse, elle la présente où ?

– Maintenant que tu m'en parles… En fait, je ne sais pas.

– Bien ce que je pensais, a conclu l'avocat d'une voix sinistre.

– Qu'est-ce que tu veux dire ?

– Le 17 avril 1886, un arrêté royal a été signé pour créer une commission chargée de proposer au gouvernement des mesures pour améliorer les conditions de travail. Depuis, le Parlement n'a pas cessé de créer des conseils de l'Industrie et du Travail afin de conseiller ledit gouvernement en matière de législation du travail. Voilà pourquoi en 1887 les chambres parlementaires interdirent le Truck System et obligèrent les employeurs à payer leurs ouvriers en espèces sonnantes et trébuchantes. »

Simon s'est immobilisé, dépassé par le tour que prenait la conversation. Rangoolati a enchaîné.

« Ta fiancée présente une thèse sur un sujet économique et social qui n'existe plus depuis 123 ans. Ça ne veut dire qu'une chose, mon ami. »

Simon a fermé les yeux, devinant ce que le Mauricien allait lui balancer.

« Cette femme te ment. »

Anne-Sophie a toujours la main sur la joue et les yeux grands ouverts. Elle s'apprête à dire quelque chose, mais Simon ne lui en laisse pas le temps. Il aurait envie de la gifler encore, mais il se retient.

« Tais-toi ! Ordonne-t-il. J'aurais dû me méfier, écouter mon instinct… Évidemment ! C'est comme ça qu'ils ont su pour Londres, pour Genève, pour New York ! Et pour ma visite chez Kherfend ! C'est toi qui les as prévenus à chaque coup ! Je n'en reviens pas d'avoir été aussi bête et naïf ! L'ingénue romantique, la belle histoire, ton courage… Je croyais maîtriser les choses, en fait, tu contrôlais tout. »

Il est indigné. Humilié d'avoir été floué, plus encore d'être tombé dans le panneau. Tremblant, il tourne les talons et va se remplir un verre de whisky qu'il avale d'un trait.

« Quand je suis revenu de Genève, sachant que les deux brutes m'avaient loupé, reprit-il, tu t'es pointée avec ta petite tête boudeuse et je t'ai tout raconté, même la chemise rouge de Lafayette. »

191

Anne-Sophie ne dit rien, prostrée dans un coin de la pièce.

« Pourtant, pourtant, j'ai eu un doute ! À un moment, j'ai pensé que tu ne jouais peut-être pas franc-jeu... Chez Charif, aux Innocents... Tu te souviens ? C'est ma femme qui m'a appelé. Elle avait peur, elle s'inquiétait pour moi. Mon ex ! Et toi, rien, tu ne faisais que poser des questions, surexcitée comme au ciné, à me dire que je m'éclatais avec des petits voyages sympas... C'est bizarre, je me suis dit. »

Simon va et vient comme un lion en cage.

« Ma deuxième idée, celle que je ne t'ai pas dite ce soir-là, c'était ça : elle est peut-être en train de se foutre de moi. C'est pour ça que j'ai voulu t'emmener à New York. Je voulais te tester, et à la fois je ne voulais pas y croire. J'ai planqué le *Lafayette*. »

Rien de pire que d'avoir eu la bonne intuition, et de ne pas l'avoir suivie.

« Mais j'ai été archi-con. Quand tu m'as fait ta petite déclaration, dans la chambre en vrac, j'ai cédé. Je me suis dit que j'avais déliré, que tu étais courageuse, adorable, et que tu étais la seule à affronter tout ça à mes côtés. Je me suis même trouvé nul d'avoir imaginé ça une minute. »

Simon est redevenu calme. La colère est tombée. Au fond de lui reste juste la douleur. Douleur de s'être laissé gagner par la douceur. D'avoir baissé la garde et ouvert son cœur, pourtant bien cadenassé par les désillusions de la vie. Il a accepté de laisser sa chance au bonheur, voilà le résultat.

« Malheureusement pour toi, on m'a mis la puce à l'oreille sur un détail. Ça a suffi pour me ramener à la réalité. ».

Anne-Sophie sent sur elle un regard très froid.

« Maintenant, poursuit-il, tu vas répondre à mes questions. Et pas de mensonges, sinon on va passer aux choses très sérieuses. Qui est derrière tout ça ? »

Miss Monde déchue reste muette.

« Je ne suis pas d'humeur à être diplomate, martèle Simon.

– Je m'appelle Dora Khazaz, murmure la jeune femme en reniflant. Je suis comédienne. On m'a demandé de jouer le rôle pour te surveiller.

– Qui ?

– Tu le sais très bien.

– Valery Kherfend, c'est ça ? »

Pour toute réponse, elle hoche la tête.

« Il est venu me voir après une classe libre, m'a tendu sa carte de visite. Il était gentil et j'ai vite compris qu'il n'aimait que les garçons. Nous avons parlé en buvant un verre. Ce n'est pas facile de percer dans le milieu... Il m'a proposé soixante mille euros pour jouer... »

Miss Oscar frotte sa joue endolorie, gardant obstinément sa tête baissée.

« ... Un rôle unique et temporaire, ce sont ses mots. Je devais faire en sorte que nous devenions proches pour faire un rapport complet ensuite. C'est tout.

– Il t'a même demandé de coucher avec moi ?

– Non, ça non. Cette façon que tu as eue de me dire les choses, la manière dont ça s'est passé, j'ai craqué.

– Enfin, ça ne t'a pas empêché de faire ton boulot de balance jusqu'à ce matin... Il a prévenu ses deux rigolos et s'est envolé. Et où se trouve-t-il actuellement ?

– Je ne sais pas. »

Anne-Sophie – ou Dora – se redresse vivement, le regardant enfin en face.

« Je te jure que j'ignore où se trouve Kherfend ! Tu dois me croire, Simon.

– Son frère Louis est dans le coup ? »

Elle secoue la tête.

« Je ne pense pas. Valery a toujours été mon seul interlocuteur.

– Et les soixante mille euros ?

– Il m'a donné la moitié tout de suite. Ensuite, dix mille euros étaient déposés chaque lundi matin dans ma boîte aux lettres. Que vas-tu faire ? Je veux dire, de moi... »

Il hausse un sourcil. C'est vrai, qu'est-ce qu'il va faire d'elle ? Sa couverture est grillée, elle ne sert plus à personne... Il pourrait la balancer aux flics pour mensonges et coucheries...

193

Mais il sait trop que c'est improuvable, et puis, quelque part, il n'est pas fier. Autant la laisser à sa situation pitoyable. Simon n'a plus de temps à perdre avec elle, il sait après qui il court.

« Ce que je compte faire n'a pas d'importance, explique-t-il. Par contre, il est urgent que tu sortes de chez moi. Tout de suite. »

La comédienne se relève, et rassemble lentement ses affaires avant d'enfiler son blouson d'été.

« Il y a eu des moments... prononce-t-elle dans un souffle rauque, où j'ai été sincère. J'étais bien dans tes bras.

– La porte est derrière toi... » Dit simplement Simon.

Défaite, les épaules basses, elle prend sa petite valise et quitte l'appartement. La porte est à peine refermée que le téléphone sonne. À pic, ça va l'empêcher de sombrer dans la mélancolie.

« Rose ! Comment vas-tu ? Demande-t-il d'une voix qu'il espère naturelle.

– J'ai une très mauvaise nouvelle Simon ».

En larmes, la veuve d'Antoine apprend à Simon ce qu'il sait déjà : on a retrouvé le cadavre de son mari. Les autorités grecques l'ont renvoyé en France et l'enterrement aura lieu au Père Lachaise mercredi matin.

La voix de Rose est digne et retenue, mais Simon sait très bien qu'elle ne tiendra pas le coup longtemps.

« Rose. Je suis avec toi de tout cœur. Et tu sais, Antoine n'avait rien à voir dans ces histoires d'Irlande et de comptes à l'étranger.

– Tu en es sûr ?

– Absolument. Il en a été victime. On a voulu nous faire porter le chapeau. »

Elle devine.

« Et Antoine avait découvert quelque chose, n'est-ce pas ? On l'a tué pour ça ? »

Simon préfère prendre son temps avant de répondre.

« C'est une histoire aux rouages tellement complexes, Rose, je ne suis pas sûr de tout saisir. Je serai au Père Lachaise mercredi.

– Merci, Simon. »

Il se sent infiniment seul quand Rose raccroche.

Galerie des Frères Kherfend, Place de Fürstenberg, Paris

Simon ouvre la porte de la galerie sans ménagements. Louis Kherfend lève la tête et reconnait l'huissier. Son visage s'empourpre.

« Vous ! Dit-il en avalant sa salive. Mon avocat vient de m'appeler. C'est inadmissible ! Comment peuvent-ils abandonner les charges ?

– Sûrement pas grâce à vous. »

Sûr de lui, Simon plante sa grande silhouette en face du petit bonhomme. Physiquement dominé, Louis Kherfend s'affaisse sur lui-même.

« Mettez-vous à notre place, gémit le galeriste. Nous sommes dans une telle situation…

– Où est votre frère ? »

La voix a claqué comme un fouet.

« Mon frère ? Mais que lui voulez-vous ? S'étonne Louis. »

Simon y va cul-sec.

« Mettre fin à son petit jeu. Savoir pourquoi il m'a collé au milieu de ses plans. Votre cher frère est le cerveau de toute l'opération. C'est lui qui a recruté un faux expert, lui qui me l'a mis dans les pattes pour que je n'aie aucune couverture, lui qui se sucre sur la vente méthodique des originaux que nous n'avons pas brûlés. Lui qui m'a organisé un comité d'accueil digne du Parrain à son domicile. Je répète donc : où est votre frère ? »

Le marchand d'art cligne des yeux plusieurs fois, choqué par ce qu'il entend.

« Mon frère ? Mais voyons, c'est tout à fait impossible ! Valery est… Comment dirais-je, spécial mais cela ne fait pas de lui un criminel ! Je le connais mieux que personne !

– Je ne vous demande pas de le défendre. Je vous demande où il se cache. »

Kherfend a cette réponse stupéfiante.

« Mais, Maître, il ne se cache pas. Il est chez lui. Place Saint-Sulpice. »

Cette fois, c'est Simon qui hésite. L'homme a l'air sincère. Son regard est transparent. Il n'est pas au courant. Il ne sait vraiment pas que son frère est dans le coup.

« Quand lui avez-vous parlé pour la dernière fois ? demande Simon.

– Hier, en fin d'après-midi. Il rentrait à son domicile.

– Et depuis ?

– Depuis ? »

Louis Kherfend tique. Il ne saisit pas bien le sens de ces questions. La méfiance reprend le dessus.

« Depuis, je ne sais pas.

– Vous ne savez pas ?

– Mais enfin, non ! S'indigne le galeriste. J'ai autant confiance en Valery qu'en moi-même. Et infiniment plus qu'en vous, cela va sans dire ! Les accusations que vous portez contre lui me heurtent ! »

L'homme est sincère, son frère ne lui a rien dit, Simon parierait sa chemise là-dessus. Il n'a plus rien à faire dans cette galerie.

14

Mercredi 27 août

Cimetière du Père Lachaise, Paris

Son histoire remonte aux origines de Paris. Mais c'est en 1803 que la construction du cimetière a été ordonnée. Monsieur Brongniart, inspecteur général des travaux publics du département de la Seine et de la ville de Paris, dessina un jardin anglais, allées accidentées et arbres nombreux. C'est en 1804 qu'on célébra la première inhumation du Père Lachaise : celle d'une petite fille de cinq ans.

Éric Gréviers se tourne vers son voisin.

« Ma cravate, ça va ?

– Ça va, tu es beau, répond Simon. »

Ils suivent le chemin du mur des Communards. Antoine est enterré juste derrière.

« Merde ! fait Éric. Enterrer Antoine… C'est dingue. »

Simon ne répond rien. Il écoute le calme.

« La bonne nouvelle au moins, enchaîne son ami, c'est qu'on ne t'enterre pas toi. Putain, j'aurais voulu voir la tête de Bérouard en ligne avec le garde des Sceaux…

– Avec la Chancellerie, rectifie Simon.

– C'est pareil. »

Éric cesse de parler. Son regard erre sur les graviers. Il a beau déconner, la réalité le rattrape.

« Quand même, enterrer Antoine…

– Est-ce que ton amie sera là ? S'intéresse Simon gentiment.

– Ce n'est pas sa place, coupe Éric, toujours un peu bourru à l'heure de ses amours. Elle ne connaissait pas Antoine. Elle est restée à la maison, comme ça, elle prépare nos valises.

– Tu t'en vas ?

– Une petite semaine de vacances… T'es jaloux ? En plus, mon meilleur pote est censé savoir que fin août, c'est ma période préférée pour me faire la malle… »

Simon esquisse un léger sourire.

« J'avais oublié. Vous partez où ? »

Éric se racle la gorge.

« Tu ne veux pas me le dire ?

– C'est un secret, confesse Éric. Même Jenny ne sait pas où je l'emmène… Une vraie surprise, tu vois…

– Attends, attends, tu vas cracher le morceau à ton copain… Tu vas où ? »

Éric hésite, se balance d'un pied sur l'autre, bras pendants. On dirait un gosse.

« Je ne suis jamais allé à Bali, je crois que c'est joli… Finit-il par lâcher. Nous partons deux semaines.

– Excellente idée ! Elle va adorer ! »

Simon s'arrête. Ils arrivent à la concession.

La cérémonie est brève. Rose reste digne tout du long, sans pleurer ni s'essuyer les yeux. Elle sourit à qui vient lui présenter ses condoléances et remercie, comme si c'était elle qui devait consoler les gens. Elle est costaud. Quelques personnes lisent des discours brefs, des hommages choisis au défunt. Et les employés des pompes funèbres de laisser glisser doucement, par à-coups, les cordes entre leurs mains. Toujours belle, sombre et fière, Rose salue une dernière fois son époux. Une file se forme, la famille, les amis, pour un dernier au revoir.

Voilà. C'est fini. En bière, en terre. Ciao, Antoine.

Simon qui avait réussi à tenir le coup craque en voyant les yeux rougis d'Éric. Il lui pose la main sur l'épaule.

« On est toujours là, nous. La vie continue. »

Ils arrivent à hauteur de Rose. Elle sourit à Simon et accepte d'aller dans ses bras.

« Mon Dieu, c'est dur… Souffle la veuve. Je savais que je l'avais perdu, je le sentais, mais savoir qu'il ne sera plus jamais là… »

La tête sans mouvements sur l'épaule de Simon, les yeux mi-clos, on croirait presque qu'elle dort.

« Tu viendras me voir, dis ? Je retourne en Corse, demande-t-elle sans bouger.

– Bien sûr. »

Rose se dégage à regret. Elle sourit à Éric et l'embrasse affectueusement sur les deux joues.

« Toi aussi, il t'aimait beaucoup. Tu le faisais rire. »

Éric renifle, parce que s'il dit un mot il pleure.

Quelques minutes plus tard, Simon et lui redescendent l'allée principale du cimetière vers la sortie.

« Je suis retourné, grimace Éric. Tu ne veux pas qu'on boive un petit truc ?

– Un de tes cocktails magiques ?

– Non, un truc simple dans un bar du quartier. Juste toi et moi. À la santé d'Antoine. »

Ils avisent un café, plutôt, un rade, en face d'eux.

« Qu'est-ce qu'on boit ?

– Quelque chose de bête et léger, qui est bon : un vcl, répond Éric. Un peu de whisky dans beaucoup de coca, c'est frais, c'est facile, ça fait du bien. »

Il s'adresse au bonhomme du comptoir.

« Vous avez du J & B ? »

Sitôt dit, sitôt servi. Éric lève son verre, la voix enrouée.

« Pour Antoine.

– Pour Antoine. »

Ils boivent en silence.

« Pas mauvais, constate Simon surpris. Un vcl ?

– Whisky coca light, explique Éric. C'est bon si tu mets du J & B, c'est un whisky de base qui va bien.

– Heureux d'avoir appris quelque chose. »

Contemplatifs, verre à la main, on dirait deux ermites devant la recette du bonheur par l'oubli.

« Tu pars quand ? Demande Simon. Il connaît la réponse mais en fait il n'a pas envie du silence.

– Demain matin.

– Tu m'écriras ?

– Juré. »

Ils se regardent. Il y a tout dans ce regard-là. Trinquent encore.

« À la vie, à la mort !

– À la vie, à la mort ! »

15

Vendredi 4 septembre

Villepinte, Parc des Expositions

Tous les ans, le prestigieux concours des Chefs d'Or est organisé au Salon International des Arts de la Cuisine. Initié
pour mettre en valeur le savoir-faire des grands cuisiniers de
l'Hexagone, il aide au rayonnement de la gastronomie française à travers le monde.

Les sélections ont lieu toute l'année. Les finalistes se retrouvent
pour un coude-à-coude au sommet le temps de l'exposition.

Tous ont été élus un jour meilleur ouvrier de France. Pendant
trois jours, ils doivent dédier leur talent, quand ce n'est pas
leur génie, à la préparation de recettes imposées. Un plat de
viande, un plat de poisson et un dessert. Premier jour : bœuf,
turbot et dessert glacé. Deuxième jour : veau, bar et entremet
au chocolat. Troisième jour : agneau, Saint-Pierre et charlotte
aux fruits.

Ils ont cinq heures pour faire le tout. Chacun dans une
petite cabine ultra-équipée, ils coupent, abaissent, parent,
chemisent, brident, saisissent à qui mieux mieux, aidés de
deux commis.

Dix minutes avant le moment de servir, ils doivent finaliser
la présentation des plats, harmoniser les couleurs et la décoration, les fumets et l'œil.

Quand le plat est fini, il n'y a plus qu'à le servir au jury.
En l'occurrence, un parterre de chefs galonnés jusqu'à l'os,
réunis sous la présidence d'un Grand Chef dont la renommée
s'étend au-delà des frontières françaises. Cette année, c'est
Joël Robuchon.

Pour vérifier la stricte application du règlement du concours,
et également signaler aux prétendants le compte à rebours
des dix minutes avant la fin, il faut un huissier.

Depuis la toute première édition du concours, c'est Simon que les organisateurs demandent. Ils considèrent que sa prestance, son sourire et sa petite célébrité télévisuelle en font l'homme de la situation.

Comme son étude est immatriculée à Paris – 75 – et que le concours se passe à Villepinte – 93 – Simon est obligé de partager le travail avec un huissier du département. Maître Sylvain Baratas est un petit être fluet aux cheveux bruns, rares et épars. Il a l'air sévère à cause de petites lunettes rondes. L'image vivante de l'huissier type.

Simon vérifie sa montre. 12 h 44. Dans six minutes, il va annoncer les dix minutes finales pour dresser les plats.

Simon travaille beaucoup pour oublier les évènements des trois dernières semaines. La mort d'Antoine n'est pas facile à digérer. Les questions qui restent sans réponses non plus. À Genève, Michel Bachion, à peu près rétabli, a reconnu devant les autorités que Valéry Kherfend était son client. Mais Valéry s'est volatilisé. Un mandat d'arrêt international a été lancé. Les enquêtes en haut lieu continuent. Peine perdue : la trace du marchand d'art s'arrête à Miami où a atterri son dernier avion.

Ça ne va pas à Simon. Même si maintenant il est blanchi, l'enfer qu'il vient de vivre ne peut pas se satisfaire d'un point d'interrogation. La mort d'un homme encore moins.

« Tout se passe bien, Maître ? »

Simon s'ébroue, sort de ses pensées, et serre la main tendue vers lui.

« Je ne peux qu'aller bien, sourit-il en reconnaissant son interlocuteur, quand un maître m'appelle maître. »

Joël Robuchon désigne les candidats affairés.

« Il y a un très bon niveau, cette année. Et des nationalités intéressantes. Suédois, portugais… Bon, qu'est-ce que je dois faire exactement ? »

Simon lui explique le système de notes pour évaluer la qualité et la présentation des plats, et lui montre où il faut signer en bas de la feuille du jury.

« Je pense que je vais m'en sortir, plaisante le grand chef. Je vais prendre un petit café. Je vous en offre un ? »

Simon regarde à nouveau sa montre. Encore deux minutes.

« Je lance la dernière étape et je vous rejoins.

– Bien sûr. À tout de suite. »

De cabine en cabine, Simon annonce.

« Vous n'avez plus que dix minutes. »

Puis il va retrouver Robuchon. Le chef est devant un petit buffet, avec boissons chaudes et viennoiseries, mais aussi charcuterie, bons vins et salades.

« Café ? À moins que vous ne préfériez autre chose ? Propose Robuchon avec un clin d'œil vers la bouteille de bordeaux.

– Merci, refuse Simon, je travaille, un café sera parfait. »

Ils parlent de tout sauf de cuisine pendant quelques minutes. Simon boit son café, le trouve bon. Écoute d'une oreille distraite. Il note une petite feuille de papier punaisée au mur, derrière la machine à expresso. *Kfé : 12*. Douze cafés seulement servis depuis ce matin ? Non, ça doit être le nombre de paquets entreposés sous la table…

« Et vous Maître, les affaires ?

– Bien, merci. » Se rattrape Simon.

Mais il n'y est pas. Son esprit flotte du « Kfé » à Antoine, du Saint-Pierre à Miami.

« En tout cas, c'est un plaisir de vous avoir avec nous ! »

Robuchon, jovial, lui tape sur l'épaule en repartant vers la table des concours. Simon reste scotché à son post-it : Kfé. Il a la sensation nette de deviner quelque chose d'important et de ne pas le voir. Son confrère Baratas l'arrache à sa rêverie.

« C'est l'heure, on y va ! »

Le premier plat, bœuf cuit à la vapeur sur fond de pommes de terre nouvelles, va être présenté au jury des Chefs. La présence de Simon est indispensable pour certifier le déroulement de toute la procédure.

« Ne faisons pas attendre nos ambassadeurs du bon goût ! »

En façade, Simon badine, mais son instinct l'avertit : il a vu quelque chose. Il ferme les yeux pour mieux revenir à ce qu'il fait et arrive à la table des jurés, au centre d'un grand plateau encerclé de deux tribunes pour le public.

Les dix chefs sont assis côte à côte, sur le même côté de la grande table habillée de blanc, pour permettre aux caméras de filmer tout le monde. Les médias, de France et de partout, ne ratent jamais le rendez-vous. Les couverts sont impeccablement dressés et les meilleurs élèves des établissements hôteliers servent. Impossible d'imaginer le moindre écart.

Au centre, Joël Robuchon, se prête volontiers aux photos des inconnus et aux interviews spontanées. Simon lui fait un petit signe de la main et se place à l'extrémité droite. C'est par là que les plats arrivent. Simon doit vérifier qu'il n'y a pas d'erreur ou de tricherie.

Apparaissent les cinq « bœufs » imposés, entre les objectifs et les regards envieux du public. Toujours silencieux, les grands chefs observent, consciencieusement. Certains prennent des photos.

Après la présentation, c'est la dégustation. Une gorgée légère de vin éveille les papilles, puis on avale une bouchée, on la mastique lentement. Tout se joue là. Le plat est une synthèse. Le palais doit reconnaître tout de suite le bœuf, mais les autres sensations doivent se découvrir lentement. Elles doivent être surprenantes et inédites, agréables et rassurantes. Immédiatement après la bouchée, les chefs écrivent leurs toutes premières impressions sur leurs feuilles de notes.

Maître Baratas observe la scène avec intérêt avant de conclure.

« Ça m'a bien l'air compliqué, cette histoire. »

Il hausse les épaules.

« Ma femme fait une cuisine simple et légère, dit-il, n'empêche qu'elle est bonne. »

Simon est sur le point de faire une réflexion idiote à savoir si c'est sa femme ou la cuisine qui est bonne, quand il se fige.

« Qu'est-ce que tu viens de dire ? Lâche-t-il d'une voix blanche.

– Ben, que ma femme fait une bonne cuisine quand même... » Répète doucement Baratas, hésitant.

Simon ne bouge plus, les yeux grands ouverts.

Paris, boulevard Beaumarchais

Quand Rose ouvre la porte, Simon s'engouffre en trombe dans l'appartement.

« Enfin qu'est-ce qui te prend ? » S'exclame-t-elle.

Il l'accroche par la manche, nerveux.

« Attends. J'ai besoin que tu me racontes… »

Rose est perplexe.

« Cette soirée avec vos amis, quand Antoine a eu sa réaction bizarre… Juste avant la croisière…

– Écoute Simon… Je ne suis pas sûre d'avoir envie de revenir là-dessus maintenant. »

Simon la prend par les deux bras et la cale en face de lui sans ménagement.

« Rose, c'est important. C'était le 5 juillet, je m'en souviens, tu as regardé ton agenda. Tu avais invité les, les…

– Les Delvaux, complète-t-elle, à contrecœur.

– Oui, c'est ça les Delvaux. Il faut que je comprenne. Vous étiez où ? Comment ? »

Rose ne répond pas. Elle soupire et entraîne Simon dans le salon. Elle montre du doigt l'un des deux canapés blancs.

« Là. »

Simon y va et s'assoit. Il regarde Rose.

« Et quand Antoine a eu cette espèce de choc, vous faisiez quoi ?

– Nous buvions du champagne, Simon. Ce n'est pas très agréable, ce que tu me fais là, tu sais. »

Il lève la main pour l'interrompre.

« Du champagne. Et vous parliez de quoi ? Il y avait qui et quoi dans la pièce ? Rose, il faut que tu m'aides. »

Rose comprend que Simon ne lâchera pas. Il vaut mieux coopérer.

« Eh bien nous étions juste tous les quatre, comme ça. »

Elle fait un geste du bras.

« Et le salon n'a pas bougé, il était comme aujourd'hui. »

Le salon est assez sobrement meublé.

« Sauf que quand je reçois, j'approche la desserte, pour avoir les bouteilles à portée de main et les petites choses pour l'apéritif. C'est tout.

– Refais tout pareil. Amène-là, ta desserte ».

Rose se plie à la mise en scène. Elle bouge un pouf, secoue trois coussins pour faire plaisir à Simon, et va chercher le petit chariot blanc avec les bouteilles qui est rangé dans un coin de la pièce pour le mettre face au canapé, près de la table basse.

Simon observe. Desserte, table, sièges. Sièges, table, desserte. Il ferme les yeux et soupire.

Vu. Il a compris.

17

Surfer Paradise, Gold Coast, Australie

Coté mer, Surfer Paradies est une station balnéaire sur la côte Est de l'Australie, une bande de gratte-ciel posés directement sur la plage face à l'océan dont la Q1 Tower, gratte-ciel le plus haut d'Australie au moment de son inauguration.

Côté jardin, c'est un entrelacs de villas de milliardaire les unes à côté des autres ouverte sur la Nerang river, et ses nombreux méandres qui permettent aux habitants de faire leurs courses en petit bateau.

C'est ainsi sur un petit youyou a moteur électrique que Simon est arrivé devant une immense villa blanche contemporaine à souhait dont la piscine domine la rivière.

Les jardins n'ont pas de clôture, ils se poursuivent comme un immense parc, il faut dire que les propriétaires sont tous du même monde, celui des riches…

Simon agrippa la poignée de la grande porte vitrée et calma les battements de son cœur.

Je dois le faire.

Il ouvrit doucement et marcha sans faire de bruits. Il s'arrêta, prit son souffle et lança à voix haute, d'une voix qu'il voulut ferme :

« C'est terrible ce que je vais te demander et je m'en veux de te déranger mais, au nom du Ciel, pourquoi as-tu tué Antoine ? »

Un silence. Allongés sur la terrasse panoramique, en plein soleil, deux corps se tournèrent dans sa direction.

Deux visages regardèrent Simon les yeux écarquillés de surprise.

Simon resta figé, comme aimanté par le regard de la jeune femme brune.

Éric se releva comme un diable de son matelas, la bouche ouverte.

« Comment ? Bégaya-t-il. Comment ? Ce n'est pas possible... »
Il se tourna vers la jeune femme brune :

« C'est toi ? Non mais c'est toi ?

– Non, idiot, ton ami est plus intelligent que tu veux bien le croire, dit sèchement la jeune femme brune. »

Simon vient de reconnaître Anne Sophie, ou Dora ou Jennifer, enfin il ne sait plus à quel prénom se vouer.

« Merde, ça, c'est trop fort ! Mettre ta nana dans mon lit, je n'y aurais jamais pensé... Souffla-t-il en regardant la jeune femme. Je suppose ? Depuis le temps que nous devions nous rencontrer...

– J'étais un peu occupée ces derniers temps. Ce n'était pas son idée.

– Je vous demande pardon ?

– Sa nana dans ton lit, ce n'était pas son idée, expliqua Jennifer. C'était la mienne. »

Cette fois, c'est Simon qui resta sans voix. Ce n'était pas Anne-Sophie, boudeuse et romantique de provinciale, ni Dora, comédienne au chômage. La femme qu'il découvrait était sûre d'elle et volontaire.

Le regard était froid et implacable. Tout dans son corps, des gestes à ses déplacements, laissait deviner une force sauvage terrible.

Simon sent monter en lui une nausée irrépressible, des gouttes de sueur perlent sur son front.

Éric enfila un peignoir de bain, goguenard.

« T'en fais une tête, mon pote. C'est moi qui devrais faire la gueule. Après tout, tu t'es tapé ma fiancée. Est-ce que je dis quelque chose ? Rien. »

La silhouette imposante alla au bar de la chambre. Il ouvrit une cave à cigares, sortit un Wild Churchill.

« Quand j'ai appris que la garde des Sceaux en personne, prononça Éric entre deux bouffées épaisses, a ordonné l'abandon des poursuites contre toi, j'ai appelé Jenny et lui ai dit : on fout le camp ! Mon vieux, tu as de la ressource. »

Simon remarqua que son ami n'avait pas l'air inquiet. Ce dernier dut lire dans ses pensées car il précisa :

« Tu es là, certes. Et alors ? Je suis censé avoir peur ? Tu vas aller voir la police australienne et nous dénoncer. Le temps qu'ils réagissent, nous serons très loin. »

Éric contempla son cigare.

Mais je ne l'ai jamais vu fumer un cigare...

« Je n'ai pas tué Antoine, reprit Éric. Je n'ai jamais voulu tuer qui que ce soit. C'était un accident.

– Va dire ça à Rose. Hurla-t-il !

– Après tout, tu y es pour quelque chose.

– Quoi ? »

Éric se rapprocha de Simon.

« La veille de son départ, tu es venu me voir au Forum et tu m'as dit qu'Antoine n'avait pas l'air dans son assiette. Évidemment, il venait de découvrir ma petite combine. Je parlais avec lui quand tu es arrivé, tu te souviens ? »

Le jour du Bloody Mary. Il parlait avec quelqu'un.
« Rappelle-moi. Nous en parlerons. »

Simon hors de lui :

« C'est toi, uniquement toi, qui a tué Antoine ! Je n'ai rien à voir avec ça. Antoine était un ami ! Un ami, un vrai ami tu entends !?

– Je n'ai pas tué Antoine ! Hurla Éric. C'était un accident ! »

Il se gratta les cheveux nerveusement, les yeux soudain embués.

« Je suis allé le voir en Grèce avant que son bateau ne parte, commença-t-il d'une voix émue. Je voulais lui expliquer, essayer de trouver un arrangement. Antoine n'écoutait pas un seul mot de ce que je disais. À la fin, il m'a regardé droit dans les yeux et m'a dit qu'il raconterait tout à la Chambre. Je me suis énervé, je l'ai attrapé par le col et je l'ai poussé. Il est tombé sur une pierre et... »

Éric eut un geste fataliste.

Jennifer prit la parole.

« Il m'a appelé ensuite, explique-t-elle, assise sur le lit, terrifié d'avoir tué son ami Antoine. Je lui ai dit qu'il était idiot. Quel besoin de partir en Grèce ? Sans compter que sa femme signalerait sa disparition...

– On a eu beaucoup de chance qu'elle attende une semaine...

– Tu appelles ça de la chance, toi ? Railla Simon.

– Quoi qu'il en soit, continua la jeune femme, il fallait disparaître plus vite que prévu. »

Simon prit une chaise et s'assit. Il était encore engourdi du très long voyage en avion, presque vingt heures.

« Mais pourquoi tout ça ?

– L'argent, mon pote, l'argent. J'aime ça. Je ne peux plus m'en passer.

– Tu n'en gagnais pas assez avec ton étude ? interrogea Simon dépité.

– Je ne suis pas ici pour faire du fric, je laisse ça aux gens. »

Éric avala une bouffée de cigare qu'il recracha aussitôt.

« Un jour, des gens sont venus me voir pour me demander si je pouvais faire un constat sur une saisie de parfums de luxe. Quand j'y suis allé, ils m'ont suggéré de baisser le nombre de parfums comptés en échange d'une grosse enveloppe pleine de cash. Je ne voyais pas de mal là-dedans. Pas de bobos. J'ai accepté. Petit à petit, on m'a demandé de plus en plus de constats. Et j'ai touché de plus en plus d'enveloppes.

– Des constats bidons...

– Oui en fait, ils organisaient une immense fraude à la TVA, à 33 % du stock ça va très vite !

– Ensuite, ces mêmes gens m'ont demandé si je pouvais constater la destruction d'œuvres d'art qui se revendaient au marché noir ensuite. Les choses ont alors pris une grosse tournure. Je touchais un pourcentage sur chaque vente. Tous les mois, je recevais un virement sur un compte des îles Caïmans...

– La *Tropical Cayman Bank*, ricana Simon.

– Exactement. Les affaires auraient pu durer longtemps. Personne ne voyait rien. Je gagnais des sommes considérables.

Jusqu'au jour où, je ne sais comment, Antoine a tout découvert. »

En fait c'est le réseau Corse, celui des salles de jeux parisiennes ou l'on joue au multicolore qui a informé Antoine à cause d'un problème de concurrence mafieuse qu'il voulait voir disparaître.

Simon attendit un peu avant de poser une question.

« La *Collection Transparente*, c'est Valery Kherfend qui vous a contactés, n'est-ce pas ? »

Jennifer hocha de la tête.

« Son frère, répondit-elle, voulait brûler la collection parce qu'il y avait, paraît-il, risque de faux. À Genève, certains investisseurs étaient prêts à payer très cher les gribouillis de Cocteau. Nous avions déjà travaillé ensemble. Il a naturellement pensé à nous.

– Mais pourquoi nous charger, Antoine et moi ?

– Antoine était mort, expliqua, la Janus et les morts ont cet avantage de ne pas parler.

– En plus, renchérit Éric, je connaissais ses sociétés *Corsica Dem* et autres. C'était facile. »

Simon fit comme s'il était impressionné.

« Et pourquoi me faire accuser, moi ? Demanda-t-il. Nous sommes amis depuis la faculté. C'est toi qui as toujours dit que nous étions frères. Pourquoi ? »

Éric ne répondit pas.

« Je ne t'ai jamais trahi, insista Simon devant le mutisme de ce dernier. Je ne t'ai jamais menti. Pourquoi ? T'ai-je fait quelque chose ? Tu vas répondre, dis ?

– Tu as toujours tout eu ! Cria Éric si soudainement qu'il fit sursauter Jennifer. Les plus belles filles, quand je ne me tapais que des boudins ! Des belles bagnoles quand je roulais dans un oignon ! Une étude sur le Faubourg Saint-Honoré en face d'Hermès quand moi, personne ne voulait de moi ! »

Éric jeta son cigare par terre d'un geste brutal, le regard plein d'amertume et de rancœur.

« Au golf, tu gagnais toutes les coupes. Moi, j'enterrais les balles sous le sable ! Tu devenais célèbre à la télé, tu tournes

au cinéma avec Maïwenn, tu ne m'en fais même pas profiter !
Tu avais toujours tout ! Tout ! Voilà pourquoi ! Ça te va
comme explication ? »

Il regarda Simon.

« Si tu savais comme j'en ai marre d'entendre, Simon, la
star des huissiers, l'huissier des stars... Et gna gna gna...
Comme j'en ai marre de voir des gamines de vingt-cinq piges
se trémousser pour que tu les sautes. Ta réussite, ton personnage, tes manières, Simon : j'en ai marre, tu me fais gerber ! »

Éric avait toujours eu l'art de renverser les situations, mais là
c'en était trop, Simon se contentait d'écouter tétanisé par la
trahison de celui qu'il estimait comme son ami.

L'ancien rugbyman alla ramasser son cigare, le ralluma avec
un briquet chalumeau.

« Je ne regrette qu'une seule chose : c'est qu'Antoine ne soit
plus là. »

Comme pour soulager l'ambiance électrique de la chambre,
Jennifer interrompit son compagnon.

« C'était facile de créer toutes ces sociétés en vous mettant
comme associés, Antoine et toi, avoua-t-elle. Surtout en
distribuant d'énormes enveloppes. Quand j'ai découvert que
Fungsheim, l'administrateur que nous avions soudoyé, cherchait à te prévenir – Abgar te suivait et vous a vu dans ce
restaurant français – j'ai compris qu'il fallait que j'intervienne.

– Je croyais Éric jaloux.

– Tu crois savoir beaucoup de choses sur moi.

– Peu importe, continua Jennifer, quand je t'ai vu revenir avec
le manifeste de Bachion, j'ai eu très peur que tu ne découvres
tout. Quand bien même, j'étais certaine que tu ne découvri-
rais rien, il nous fallait récupérer la liste des transactions.
Pendant que tu cherchais des preuves dans notre bureau de
New York... »

Simon se tapa le front soudainement.

« J'y suis. Le bureau de New York... Jérôme le trouvait *joli*.
C'est toi qui l'avais aménagé, n'est-ce pas ? »

Elle hocha de la tête et poursuivit :

« Pendant que tu cherchais dans notre bureau, moi, j'ai envoyé Abgar et Vosdan fouiller notre chambre. Peine perdue. J'ai appelé Éric, je lui ai dit qu'il fallait laisser tomber et partir très vite.

– Tiens ? S'étonna Simon. Pourquoi ?

– Ton ami Jérôme... Il me soupçonnait. »

« *Ne l'écoutez pas, il cherche à vous impressionner.*

– *Peut-être y est-il arrivé.*

– *Je ne crois pas, j'en suis même sûr. Il vous en faut beaucoup plus pour vous faire peur.* »

Il se souvint de ce très rapide moment sur la terrasse de l'Orange Bleue.

« En plus, la situation commençait à nous échapper, continua Jennifer. Il fallait disparaître.

– Pourquoi me piéger chez Kherfend ? Interrogea l'huissier.

– Mon idée ! Intervint Éric. Et mauvaise idée, je le reconnais. Je voulais te faire peur. N'ayant pas de nouvelles d'Abgar, et apprenant que la Chancellerie avait reçu l'ordre de te laisser tranquille, j'ai préféré plier bagage.

– La mienne était nettement meilleure, coupa Jennifer. Coucher avec Bérouard et lui souffler que tu étais un arriviste prêt à tout pour gagner plus d'argent a convaincu le Président.

– Je me demandais pourquoi il me mettait soudain autant de pression... Ce sale type ! » Confessa Simon.

Un silence pesant s'installa un peu plus. Simon essaya de trouver son souffle et d'apaiser les battements de son cœur. Son ami de toujours, le seul qu'il n'ait jamais eu, l'avait trahi. Un véritable tsunami venait de tout saper sur son passage.

Un homme sait qu'aimer une femme n'est pas éternel. Un meilleur ami est plus qu'éternel. Quand il y a douleur ou joie, abandon ou retrouvailles, il vient toujours un visage à l'esprit, celui de la personne avec qui on veut partager ces moments, tragiques ou magiques, mais toujours intenses, de la vie : le meilleur ami.

Du moins, Simon imaginait les choses de cette manière. Un sentiment de dégoût et d'une profonde solitude l'envahit.

« Et toi ? Comment nous as-tu retrouvé ? S'inquiéta Jennifer. Et pourquoi es-tu là ? »

Simon l'observa et chercha désespérément dans sa voix, dans son regard l'Anne Sophie, celle qui l'avait émue, mais rien.

Simon mit de l'ordre dans ses idées et commença :

« J'ai lu une note de service où il y avait le mot *kfé*, l'abréviation de café. Je ne comprenais pas pourquoi je n'arrivais pas à m'enlever ce mot de l'esprit. Quelques instants plus tard, un confrère huissier me dit...

"Ma femme fait une cuisine simple et légère, il n'empêche qu'elle est bonne."

– Je savais que j'avais déjà entendu ça quelque part. Et je percute : à l'enterrement d'Antoine. Tu étais tellement bouleversé – et pour cause, puisque tu es son meurtrier – que tu as insisté pour aller boire un verre à sa santé.

"Un truc simple et léger, qui est bon : un Vcl. Un peu de whisky dans beaucoup de coca, c'est frais, c'est facile et ça fait du bien. Tu me suis ?"

– Vcl pour whisky coca light, ça m'avait amusé sur le coup. Si la logique avait été respectée, ça aurait dû s'appeler Wcl. Là, j'ai pensé à la phrase de Rose. »

« C'est curieux, Kapital avec un K. En anglais, comme en français, ça prend un C, n'est-ce pas ? »

– Je cours chez Rose. Antoine avait tout compris en regardant quelque chose chez lui à un moment précis.

« Juste avant qu'Antoine ne change d'humeur, juste avant qu'il ne pousse son petit cri, vous faisiez quoi ?

– Nous buvions du champagne...

– Où se trouvait la bouteille ?

– Mais sur la desserte.

– Et où était cette desserte ? »

– En regardant la desserte d'Antoine. Il y avait une bouteille de whisky, du J &B. Tu sais, le whisky parfait pour les sodas. De grosses initiales rouges, évidentes, tellement énormes que personne ne sait vraiment ce qu'elles veulent dire. C'est là où j'ai tout compris.

– Tu as compris quoi ? Répéta, mal à l'aise, Éric.

– Ce que voulait vraiment dire le K de Kapital, soupira tristement Simon. Je ne devais pas lire *Lafayette Kapital* mais *Lady Killer*. L et K, les initiales d'un cocktail créé en 1984 par le champion du monde des Barman, à base de gin, triple sec et de liqueurs d'abricots. »

Simon haussa les épaules.

« Après, c'était facile. Il suffisait de remonter le circuit financier : *British Management*, BM, *Bloody Mary*. *Western Company Limited*, WCL, *Whisky Coca Light*. J'ai même découvert le PMU, *Poker Management Unit*. Ou le *Pick Me UP*.

– Tout ça ne nous dit pas comment tu nous as retrouvés, fit remarquer la jeune femme.

– Pour ça, j'ai eu un peu de chance. »

Simon jeta un œil fatigué à sa montre et regarda ses deux interlocuteurs :

« Bon, on ne va pas rester plantés là toute la journée, lâcha-t-il. Accepteriez-vous de revenir avec moi en France et de vous rendre à la police ? »

La question était tellement énorme que Jennifer et Éric crurent d'abord à une blague. Devant l'air sérieux de Simon, ils comprirent que celui-ci ne plaisantait pas.

« Mais ça ne va pas ? S'exclama Éric, en faisant pivoter son index sur sa tempe. Tu veux que nous revenions avec toi pour aller en prison ? Pourquoi ? »

Il s'immobilisa, réalisant quelque chose.

« J'ai compris, déclara l'ancien joueur de rugby, tu veux en croquer. Tu veux de l'argent, c'est ça, hein ?

– Non, je ne veux rien, Éric. Je ne veux pas de ton fric. Un homme est mort…

– C'est un accident ! Hurla Éric à nouveau.

– Quand bien même… dit Simon à voix basse.

– Tu dois rendre des comptes à la justice, à Rose et à moi. »

Il se leva, se dirigea vers la porte de la chambre qu'il ouvrit. Deux hommes entrèrent. Jennifer eut un soulagement : ce n'était pas des policiers.

« Éric, je te présente le commandant Nicolas Jesnay et le capitaine Jean-François Vaillant, tous deux appartiennent aux services de la DCRI. Ai-je besoin de te préciser que ce sont des agents secrets ? Ce sont eux qui vous ont retrouvés. Pas moi. »

Simon se planta en face d'Éric, les mains sur les hanches et yeux dans les yeux, il lui déclara :

« Maintenant, je vous donne le choix à tous les deux. Soit, vous suivez ces officiers qui ont pour ordre de vous ramener à l'Ambassade de France. Soit, je raconte toute l'histoire.

– À des amis de la presse ? Tenta Éric un brin moqueur.

– À tes associés de la NSM, la Nassau Security Management.

– Et que vas-tu leur dire ?

– Comment vous avez détourné, tous les deux, plus de trois cents millions d'euros dans leur dos. Je ne suis pas sûr que vos petits copains de Corée apprécient une telle indélicatesse.

– Tu dis n'importe quoi.

– N'importe quoi ? Tu es sûr ? Tous les faux constats et détournements de collections passent par la NSM, souligna Simon, sauf la *Collection Transparente* ? Celle-ci possède son propre circuit de financement et n'a rien à voir avec la maison mère ? »

Toujours sans quitter Éric des yeux, il sortit un portable noir de sa poche.

« C'est le numéro de permanence programmé de la NSM à Nassau. Si je dis n'importe quoi, tu ne m'empêcheras pas de les appeler, n'est-ce pas ? Tu voudras bien que je leur explique comment ils ont loupé une des ventes du siècle parce que leurs associés français les ont doublés ? »

Simon appuya sur le bouton call. On entendit la tonalité d'un numéro enregistré à l'avance. Plus vite que l'éclair, Éric arracha le mobile des mains de Simon et le jeta par la baie grande ouverte. Jennifer se leva et marcha dans la direction de Nicolas :

« Nous vous suivons.

– Jenny ? Dit Éric, dans l'incompréhension la plus totale.

– Chéri, c'est fini. Rentrons. »

Simon observa son vieil ami. Les grandes épaules s'abaissèrent, le regard se vida. Il comprenait l'inexorabilité de son destin. Il n'y avait plus rien à faire. Ses lèvres frémirent, ses yeux se brouillèrent à nouveau. Éric dévisagea Simon.

« Tu me pardonneras ? Demanda-t-il. »

Simon sentit sa voix s'enrouer alors qu'il répondit :

« Je vais essayer. Mais je ne te promets rien. »

Le couple sortit, suivi du grand Jeff. Nicolas se rapprocha de Simon sans un mot. Ce dernier sentait une grosse boule évoluer dans sa poitrine, un truc noir et velu, qui allait l'étouffer.

« Ça va ? demanda l'officier.

– J'ai connu mieux. Je m'en sortirais.

– On rentre ? »

Simon hocha de la tête sans bruit.

« Comment as-tu compris que la NSM n'était pas au courant de leurs magouilles ? Demanda Nicolas.

– Ça, c'était le plus simple. C'est la seule banque qui n'ait pas un nom de cocktail. »

Ils sortirent de la chambre.

ÉPILOGUE

Six mois plus tard...

Le Griffonnier, *rue des Saussaies, Paris*

Simon entra dans le restaurant, une boule dans la gorge. Il n'y aurait plus jamais de déjeuner du mercredi avec Éric, en face du bar, à la table 12.

Cédric, le patron, le regarda arriver, un grand sourire aux lèvres.

« Si tu savais comme je suis content de te voir ! » Déclara-t-il.

Simon sourit, touché par la sincérité du propos et sa chaleur.

« Merci. »

Ils échangèrent deux bises amicales.

« Ça faisait longtemps...

– Ces derniers mois ont été... Il hésita, cherchant un mot bien adapté, soutenus.

– C'est vrai que tu es un véritable héros. » Sourit Cédric.

Simon lui rendit son sourire. L'affaire de la *Collection Transparente* avait fait beaucoup plus de bruit que prévu. La disparition d'Antoine et l'arrestation d'Éric et de Jennifer avaient fait les gros titres des journaux télévisés pendant plusieurs jours. On évoqua l'appréhension de Valery Kherfend à Sanibel Island, en Floride, alors qu'il emménageait dans une magnifique villa. Les journalistes ne manquèrent pas de souligner le rôle de Simon, voyant en lui le détective qui démasqua tout le monde. Ceux-ci furent ravis de découvrir quel personnage était à la hauteur de sa nouvelle image : élégant, drôle et suave. L'huissier fut invité plusieurs fois au journal télévisé – il apprécia particulièrement l'interview de Laurent Delahousse – ou dans des talk-shows divers et variés. Un humoriste surnomma Simon l'huissier Jedi.

Et puis, le temps fit son œuvre : les choses se tassèrent avant de se calmer définitivement, au grand soulagement de Simon, qui nota le manque d'intérêt croissant vers sa personne et put, enfin, revenir à des sujets plus sérieux : l'étude. Les conséquences sur le chiffre d'affaires de cette dernière avaient été immédiates. Cette image d'huissier juste et incorruptible, que les médias véhiculèrent pendant des semaines, rassura les clients et en amena d'autres. Le téléphone sonna de manière continue pendant des semaines. Il fallut recruter deux nouveaux clercs et trois assistantes.

Comme Simon l'avait prédit, le président de la Chambre des Huissiers, Maître Bérouard, ne fut pas réélu. Le poste vacant lui fut proposé mais l'huissier refusa poliment.

Éric et Jennifer furent déférés devant le juge et emprisonnés. Leur procès était en cours d'instruction.

Simon demanda même à Jim Rangalooti de défendre son ancien ami mais celui-ci s'y opposa fermement.

« Tu vas être cité, expliqua l'avocat mauricien, comme témoin. Il y a là conflit d'intérêts pour moi. Comment veux-tu que je défende un homme dont le principal témoin à charge est un de mes amis ? »

Cédric lui demanda :

« Tu veux manger où ? »

La table habituelle était vide, nota Simon, le ventre noué. Le restaurateur remarqua le regard perdu et lui toucha le bras :

« Votre table ?

– D'accord, mais enlève un couvert, je mangerai seul. »

Cédric hocha de la tête et l'invita à le suivre :

« Viens boire un verre, ça te remontera. »

Simon s'accouda au comptoir et accepta le ballon de sancerre rouge que lui proposa le patron.

« Comment tu vas ?

– J'ai connu mieux, avoua l'huissier.

– Il te manque ? »

Il but une gorgée et trouva le vin fade. L'incident du vin sans nom lui revint en mémoire.

« Ça, c'est ce que j'appelle du vin ! Qu'est-ce que c'est ?

– Tu ne le sauras jamais, ce vin n'est pas sur la carte, je l'ai mis en carafe pour que tu ne puisses même pas lire l'étiquette. Tu vas connaître le bonheur sans même savoir où il se trouve.

– Oh, c'est petit... »

« *On connaît le prix d'une fortune quand on l'a gagnée et le prix d'un ami quand on l'a perdu...* » Murmura tristement Simon.

« Si je peux faire quelque chose, n'importe quoi, jura Cédric, tu n'as qu'à me le dire. »

Simon regarda son interlocuteur, un drôle de sourire au coin des lèvres. Le restaurateur plissa les yeux, soudain soupçonneux.

« Oh, oh, j'aurais mieux fait de la fermer. Tu as une idée en tête, toi...

– Tu te souviens de ce vin extraordinaire ? »

Cédric chercha dans sa mémoire. Une lueur alluma son regard, il sourit à son tour.

« Ah, ah, je vois. Monsieur profite d'une surcharge émotionnelle de ma part, me mettant dans un état de vulnérabilité absolue, pour espérer goûter à mon Nectar, hein ? »

Simon resta sans mot dire, l'air ouvertement rigolard.

« Digne de toi ! Tout dans la finesse et le retournement de situation... Enchaîna Cédric en riant de bon cœur. Tu m'étonnes que tu séduises qui tu veux... Je m'incline, Maître, vous êtes la star des huissiers, l'huissier des Stars. Je vais te chercher ça. Ce vin ne se boit qu'avec un rognon grillé rosé et accompagné de haricots verts de mon jardin.

– Ça marche ! »

Le patron lui fit signe d'attendre et accueillit la personne qui venait d'entrer.

« Bonjour, dit-il poliment.

– Bonjour, dit-elle.

– Vous avez réservé ?

– Non.

– Je suis vraiment désolé mais je suis complet, grimaça Cédric. »

Simon détailla – discrètement – la jolie silhouette. C'était une grande et belle femme, aux cheveux noirs et à la silhouette mince et élancée.

Une sportive, c'est sûr.

Les yeux bleu clair, accentuant la pâleur de la peau, lui donnaient un air espagnol. Peut-être pour cette raison que Simon eut envie de l'appeler Carmen. Il vit comme un signe du Destin l'arrivée de cette jolie femme.

« Écoutez, dit-il, la personne avec qui je devais déjeuner ne viendra pas. Si ça vous tente, et si je ne vous effraye pas trop, nous pourrions déjeuner ensemble. »

Cédric tourna la tête, dissimulant un sourire de circonstance.

« Vous êtes sérieux ? S'étonna la jolie Carmen. »

Elle observa son interlocuteur des pieds à la tête, semblant peser le pour et le contre.

« Ma table est juste derrière vous, face à la baie vitrée, indiqua Simon. Il y aura des témoins. Dit-il sur le ton de la plaisanterie. »

Carmen sourit.

« C'est très aimable, je ne voudrais pas vous déranger…

– Mais pas du tout, installez-vous »

Cédric aida la femme à se débarrasser de son manteau et lança, perfide :

« Mais, Maître, si votre client arrivait ? »

Simon s'immobilisa, se tourna lentement vers le restaurateur et déclara :

« S'il venait ? Alors, saisi soit-il. »

Fin

N° d'éditeur : 3674   Dépôt légal : Juin 2017

Lightning Source UK Ltd.
Milton Keynes UK
UKOW06f0313190617

1873UKFR00011B/190/P